新闻的新模式

人工智能与新闻业的未来

Francesco Marconi
[美] 弗朗西斯科·马可尼 ◎ 著
李莎 曹思澄 ◎ 译

NEWSMAKERS
ARTIFICIAL INTELLIGENCE
AND THE FUTURE OF JOURNALISM

新华出版社

图书在版编目（CIP）数据

新闻的新模式：人工智能与新闻业的未来 /（美）弗朗西斯科·马可尼著；李莎，曹思澄译. -- 北京：新华出版社，2021.7

书名原文：Newsmakers: Artificial Intelligence and the Future of Journalism

ISBN 978-7-5166-5956-4

Ⅰ.①新… Ⅱ.①弗… ②李… ③曹… Ⅲ.①人工智能—应用—媒体（新闻）—研究 Ⅳ.①G21-39

中国版本图书馆CIP数据核字（2021）第229508号

著作权合同登记号：01-2020-3837

新闻的新模式：人工智能与新闻业的未来
弗朗西斯科·马可尼 著
版权所有©2020年，哥伦比亚大学出版社
简体中文翻译版权所有©2021年，新华出版社
由美国哥伦比亚大学出版社授权出版
由博达著作权代理有限公司代理授权
版权所有

NEWSMAKERS: Artificial Intelligence and the Future of Journalism by Francesco Marconi
Copyright© 2020 Columbia University Press
Chinese Simplified translation copyright© 2021 by Xinhua Publishing House
Published by arrangement with Columbia University Press
through Bardon-Chinese Media Agency
ALL RIGHTS RESERVED

新闻的新模式：人工智能与新闻业的未来

作　　者：［美］弗朗西斯科·马可尼	译　　者：李　莎　曹思澄
出 版 人：匡乐成	责任编辑：高映霞
选题策划：黄绪国	装帧设计：李尘工作室
责任校对：刘保利	

出版发行：新华出版社
地　　址：北京市石景山区京原路8号　　邮　　编：100040
网　　址：http://www.xinhuanet.com/publish
经　　销：新华书店、新华出版社天猫旗舰店、京东旗舰店及各大网店
购书热线：010-63077122　　　　中国新闻书店购书热线：010-63072012

照　　排：李尘工作室
印　　刷：三河市君旺印务有限公司
成品尺寸：145mm×210mm
印　　张：6.5　　　　　　　　　　字　　数：100千字
版　　次：2022年7月第一版　　　　印　　次：2022年7月第一次印刷
书　　号：ISBN 978-7-5166-5956-4
定　　价：58.00元

版权专有，侵权必究。如有质量问题，请与出版社联系调换：010-63077124

最近的科技进步带来了一种新闻业的新格局，要求反应更灵敏的新闻编辑部提供更快速的新闻。在这种环境下，如果新闻机构希望即将到来的人工智能浪潮能帮助而不是阻碍新闻报道，那么新的流程和工作流至关重要。

人工智能将得到广泛使用，并且很可能突然将人类带入一个新时代。广义而言，人工智能指的是从经验中学习并执行与人类类似任务的智能机器。更多的数据以及更强的计算能力将令我们对世界和周遭环境的认识达到一个新的水平。

除改变社会之外，人工智能还将改变整个经济体的运作方式。据咨询公司普华永道估计，到2030年，人工智能可能为全球经济贡献15.7万亿美元，这将直接促使全球所有地区的国内生产总值得以提升。[1]

尽管包括通信、汽车生产和金融服务在内的一些行业已经为人工智能投入巨资，但这项技术本身仍处于非常初级的发展阶段。这场由智能机器推动的革命将使一些企业获得丰厚盈利，而使另一些企业面临倒闭风险。如果没有适当的知识和技术资源，没有任何一个机构可以应对未来发生的颠覆。

现在是为成功变革奠定基础的时候了。对新闻业而言，这意味着重新思考获取新闻并将其传递给受众的方式。由此带来的结果——由人工智能驱动的新闻业将需要新的编辑和机构监督水平。

特别值得一提的是，如果不把人工智能作为自身转型路线图中的一个关键要素，小型编辑部很有可能会落在后面。这不需要巨额资金投入，但需要对培训和文化变革的更多关注。

本书通过详细的案例研究分析了人工智能带来的挑战和机遇，这些案例包括编辑室使用算法自动生成报道、调查记者对大量公共数据进行分析，以及新闻机构以动态方式确定各个平台的内容分发。

《新闻的新模式》一书的主要观点是，人工智能可以增强新闻业，而不是推动新闻业自动化，它令新闻工作者能够更快地发布更多新闻，同时腾出时间进行更深入的分析。

无论你是一名经验丰富的编辑，一名自由记者，还是一名刚离开新闻学院的毕业生，我的目标是就人工智能如何能最大限度地服务于新闻专业人士提供清晰的阐述和一幅实用的路线图。随着技术成本不断降低，现在几乎人人可以使用智能软件。很快，新闻编辑部的大多数工具和流程都将由人工智能驱动。

在当今新兴的21世纪新闻媒体模式中，编辑不仅是新闻工作者，而且是"新闻官"，他们必须持续对新的受众需求作出积极反应，发展不同的报道形式，探索多样分发点，同时还要关注影响新闻生产和消费方式的新兴技术。这就是为什么新闻工作者必须采取一种更具迭代性的新闻报道形式，即利用新技术，以便对读者迅速变化的信息需求实时作出反应。

迭代新闻不仅仅关乎试验或广泛接受新想法。它是一个得到数据支持的响应过程，使新闻机构能够由新技术驱动而不是定义。

因此，《新闻的新模式》不仅仅是一本关于如何将"创新"或"新兴技术"引入新闻业的书作。我对这方面有所了解。多年来，我一直致力于在编辑部实施新的流程：我曾担任美联社的人工智能联合主管，并曾作为《华尔街日报》的第一位研发主管领导一个由技术专家、数据科学家和编辑组成的团队。

与许多指南提供的远距离视角不同，你将要读到的内容是基于新闻实践的。本书通过一些例子概述了经过试验的策略、工具和技术，这些例子涉及一名不远将来的新闻工作者，我称其为"新闻生产人"①，此外，本书还介绍了一些最佳实践、失败的试验和可操作的方法。

本书提供的信息解释了各种资历的新闻工作者和各种规模的编辑部（不仅仅是大编辑部！）如何能把人工智能融入他们的日常工作。

每家新闻机构都有新闻生产人。他们以目标为导向，渴望尝试新想法；他们在编辑部之外寻找解决方案，并乐于接受合作。最重要的是，他们不怕失败。对他们来说，每次"失败"都是一次考验，而每次考验都是他们所在编辑部转型中的一步。

本书以"新闻生产人"为模型，打破了关于新闻创新的陈词滥调。它所提供的实用提示是试错过程、实际应用以及媒体研究的副产品。本书的讨论是概念性的而不是技术性的，它的灵魂是简明扼要（而不是错综复杂）。它不是关于如何做的，而是关于如何思考——思考新闻报道和这个行业的未来。

这本指南分三个部分描述了行业转型这个问题及其解决方案，后者包括人工智能工具、重塑编辑部流程的技术以及迭代新闻的工作流模式。

① 下文"新闻生产人"以加引号的形式出现时均特指用作本书模型的那名新闻生产人——译者注。

根据人工智能，本书是关于什么的？

本书的一幅网络图显示了相对而言出现频率最高的词语。例如，每次提到"新闻"这个词，同一句话中很可能也会出现"报道""消费者"和"机构"。

文献中最常出现的词汇：新闻（185）；新（153）；人工智能（139）；新闻工作者（122）；数据（114）；新闻业（112）；报道（79）；记者（77）；内容（72）；技术（71）；媒体（66）；新闻编辑室（62）；流程（62）。

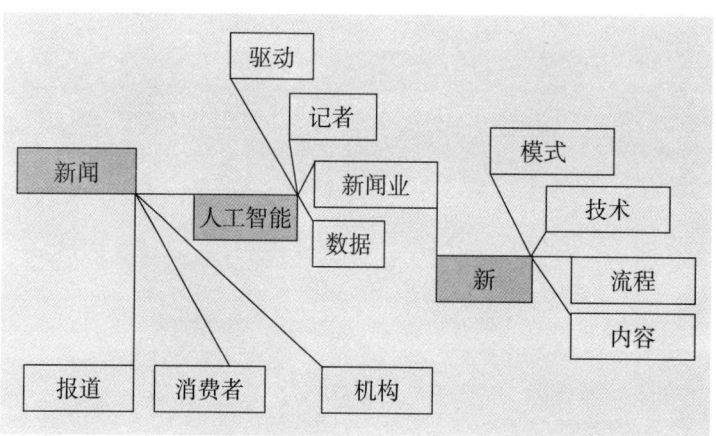

目录

引 言 技术发展速度快于新闻报道标准 …………… 1

第一章 问题：转型中的新闻模式 ……………………18

    1.1 旧新闻报道模式 ………………………… 21

    1.2 新的新闻报道模式 ……………………… 29

    1.3 新模式需要新工作方式 ………………… 53

第二章 技术赋能：推动新闻变化的人工智能技术 ………57

    2.1 人机报道协作 …………………………… 57

    2.2 人工智能与新闻编辑部策略 …………… 70

    2.3 塑造新闻工作新模式的技术 …………… 75

第三章 工作流：新闻编辑部变革的规模化流程 ……… 127

    3.1 什么是迭代新闻？ ……………………… 127

    3.2 使新闻工作与人工智能工作流相一致 …… 136

    3.3 迭代新闻的三个问题 …………………… 138

    3.4 促进新闻编辑部整体合作 ……………… 143

结　论························147

致　谢························151

注　释························152

参考文献······················171

索　引························191

引言

技术发展速度快于新闻报道标准

让我来介绍一下这名"新闻生产人"。她利用自己掌握的新工具来生产新闻。她是一名新闻工作者,但现在,她也需要成为一名技术专家。她代表了传媒业的发展方向:一个为报道赋能、而不仅仅是进行报道的舞台。她代表了不仅想要存活下去而且想要在当前这个数字化变革时代蓬勃发展的每一名新闻工作者和每一个编辑部。"新闻生产人"已在一家知名新闻公司工作若干年,工作地点在一个我称之为费尔维尤的城市,负责报道不同问题、生产重要的新闻报道。近日,一名主编把她叫到办公室,对她说自己想要找到一种利用人工智能技术提高编辑部效率的办法。

"新闻生产人"不懂这是什么。

在她看来,人工智能是发生在高科技初创企业的事情,但现在,她肩负将人工智能用于报道工作的任务。虽然这似

新闻的新模式

乎是一个复杂的话题，但现在还无须惊慌。几个小时的网上调研让"新闻生产人"初步了解了人工智能是什么：它是依靠一些计算机公式的智能机器，这些公式被称为"算法"，能以与人类同等水平进行思考。

下面是新闻机构以不同方式利用人工智能为新闻报道服务的一些例子：

- 《福布斯》杂志开发了一个由人工智能驱动的内容管理系统，可以自动为新闻标题或新闻配图提供建议。[1]

- 《华盛顿邮报》使用了一个用于报道的机器人程序，可以发现有新闻价值的数据模式，例如金融趋势或选举结果中的数据模式，令记者能够获得独家新闻。

- 美联社利用智能技术，在没有人参与的情况下将数据转化为每场NBA比赛的预览报道，节省出体育记者的时间，以便他们能够专注于调查等独一无二的报道。[2]

- 《华尔街日报》的"收费墙"是由算法驱动的，该算法可以预测一名新读者何时可能订阅。[3]这使得这份商业报刊的收入和受众都得以增长。

- 一个更具未来感的例子是，中国的新华通讯社创造了

引　言　技术发展速度快于新闻报道标准

世界上第一个人工智能新闻主播,那是一个与一名人类主播相像的数字模型。⁴

在某种程度上,这些系统是生成新闻报道的"编辑算法",因而需要一定程度的人类监督。

在这样的初步调研后,"新闻生产人"仍有各种问题没有得到解答。例如,如果报道由软件生成,那么署名怎么写?数据来自何处?这个过程如何运作?编辑部使用人工智能时需要采取哪些质量控制措施?机器会抢走她的饭碗吗?

这些都是"新闻生产人"在实施任何行动之前需要回答的问题,提出这些问题的不仅仅是"新闻生产人"。技术发展的速度比新闻业更快,而这并不是责怪新闻业的理由。因为从根本上说,这个行业无法在保持可靠编辑标准的同时赶上技术进步的速度。这里存在一个不可避免并且必要的时间差。

图0.1　新闻报道标准需要时间来适应技术创新

今天的"新闻生产人"面临一个与20世纪90年代末类似的新闻业格局。当时，在互联网热潮的推动下，新闻业发生了重大转变，新闻机构不得不设法应对一种完全不同的消费模式。通过扫描纸质报纸并在线提供PDF文档，许多报纸开始了它们的数字化之旅。随着技术成本的降低和数字化技能的提高，新闻公司开发了更为先进的线上内容生产和分发模式，带来了当今充满活力的数字化格局。根据美国劳工统计局的数据，2016年互联网出版业的就业岗位数量首次超过报纸。数字媒体的发展代表了一次史无前例的行业变革。[5]

人工智能有望以越来越快的速度改变整个新闻工作流。技术发展的飞快速度意味着编辑部需要持续不断地学习和培训才能跟上时代的步伐。

"颠覆"一词如今应用于许多耀眼的新技术，但这个词作为动词时指的是一个特定的市场采用点。当某种东西被"颠覆"时，这意味着传统的方法或方式对于大众消费来说已经不是最优选择。这个定义中的关键词是"大众"。任何东西都不会因为它具有创新性或仅仅是新的就具有颠覆性。事实上，如果在短时间内为大多数用户或消费者所采用，最简单的解决方案也能颠覆行业。

只有当最不可能的用户最终采用了互联网时，互联网才颠覆了传媒业。由于网络消费者规模庞大，新闻机构不得不引入新的数字化生产实践，并更新自身的商业模式。

一些新闻机构在数字化转型和人员新技能学习方面取得了成功，但与此同时，由于无法迅速适应受众需求和更激烈的竞争，另一些机构继续面对收入减少。

人工智能也是如此。目前，人工智能才刚刚开始迅速发展，"新闻生产人"希望保持行业领先。在此背景下，她就编辑部的可持续性提出了一些问题。如何才能提高新闻采集效率？该给高影响力的新闻报道多重的分量？

这些问题的答案可能在于新闻业采用和适应新技术的能力。颠覆通常是由能够在新基础设施上投入巨资的大型科技公司推动的。根据奥赖利媒体公司（O'Reilly Media）2016年公布的一项研究，当年有33%的软件和技术公司投资于人工智能，而只有1.33%的网络媒体（包括报纸和其他发布商）这样做。[6]国际新闻工作者中心（International Center for Journalists）2017年的一份报告发现，只有5%的编辑部员工拥有与技术相关的学位，只有2%的编辑部雇用了技术人员，只有1%的编辑部雇用了分析编辑。[7]

"新闻生产人"需要做的不是试图与科技巨头竞争，开发全新的技术，而是学习如何快速应用由人工智能驱动的工具，打造可持续的新闻报道。

下面是未来预计会发生的事情。

人工智能技术的兴起会迅速影响新闻采集、生产和分发。

它需要新的技能、工具和工作流。但这并不意味着编辑部将空置,变成智能机器的办公室。未来似乎更有可能出现一种新的合作形式:人与机器之间的合作。

- **新闻采集**:人工智能使得信息和报道思路能够借由机器学习等新型采集过程获得,机器学习能在数据中发现离群点,自动发现社交媒体用户生成内容中的趋势,并且从文档中提取信息。
- **生产**:记者现在可以探索一些新的机会,自动生产内容,使用算法在媒体格式之间切换(例如,将数据转换为文本,将文本转换为视频),并针对各个受众群体的不同需求而对内容稍加改动。
- **分发**:通过了解新闻消费者的行为,实时优化发布和盈利策略,人工智能为新闻工作者在新兴平台上迎接新闻消费者铺平了道路。

引　言　技术发展速度快于新闻报道标准

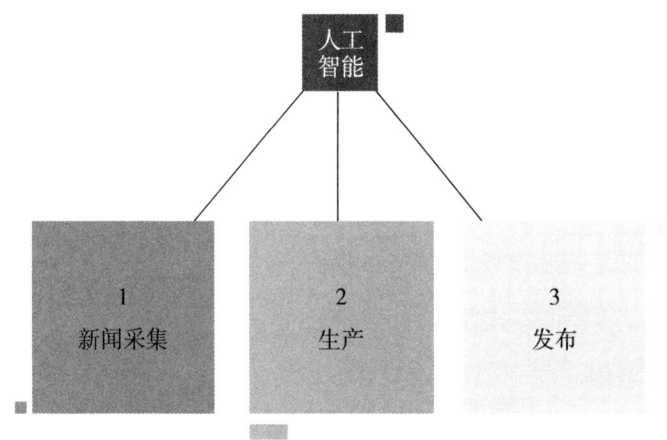

图0.2　人工智能影响新闻业的所有价值点

快速变化的消费格局

在最近与编辑部同事召开的一次头脑风暴会议上，"新闻生产人"讨论了消费者及其习惯正在发生怎样的改变。她提到了路透社新闻研究所的《2018年数字新闻报告》，该报告发现，2013年至2016年，将社交媒体视为一种新闻来源的人群比例几乎翻了一番，达到46%。[8] "新闻生产人"解释说，同一项研究还发现，39%的人现在会将线上内容而不是纸质报纸作为获取每日新闻的最重要来源。

世界已经进入一个可定义的新生产和消费时代，一些分析家称这个时期为"超创新"和"超采用"。[9]

新闻的新模式

消费者越来越乐意采用新事物,这一事实正在影响包括新闻在内的各种消费。

"新闻生产人"亲眼见证了这一切。在这几年里,她的受众的喜好完全改变了。他们不仅喜欢与以前不同的内容(这是意料之中的事,因为文化和社会是动态发展的),而且喜欢以不同方式发布到不同平台上的不同形式报道。

美国新闻学会的一项调查发现,年龄较大群体依赖电视、广播和纸质新闻媒体,而较年轻的新闻消费者则转向线上来源获取新闻。对于18岁至29岁的人群而言,他们的手机是与电视同样重要的新闻来源。[10]与此同时,《2018年数字新闻报告》显示,与年龄较大者相比,年轻人群更有可能通过社交媒体和搜索引擎而不是直接访问来找到新闻,在18岁到24岁的人群中,53%的人使用社交媒体作为获取新闻的途径,而在55岁以上人群中,这一比例只占33%。[11]

这些新的消费模式现在正充分发挥效力,为新闻生产人和消费者都创造了一个全新的环境。"新闻生产人"认为这是一次机遇。她想要采用人工智能技术,这并不是因为它是不可避免的"下一个大事件",而是因为她认识到它可以解决新闻编辑部的一个主要难题——同时迎合许多受众。

人工智能令"新闻生产人"能够发布更加动态、更加个性化的报道——观察不易察觉的数据模式，打造多媒体体验，挖掘肉眼看不到的故事。例如，新华社的人工智能平台"媒体大脑"能分析以公开或非公开方式由社交媒体、搜索引擎、动态消息等渠道采集的数据，使新闻工作者不仅可以监控潜在的新闻事件，还可以优化内容的生产和分发。[12]

随着人工智能在整个行业推动企业以惊人的速度进行自我改造，并且与尝试新事物或不同事物有关的风险大大降低，客户正习惯于一个加速的变革周期。事实上，风险成了现状。在新技术的支持下，内容生产者可以将更少的成本转嫁给客户，从而降低客户经济或情感上的采用风险。

"新闻生产人"意识到这一转变正以多么快的速度影响新闻业。例如，在网上，与她所属报纸同类的品牌有很多；在各种合法的新闻分享媒体争夺用户的注意力之际，她的创意现在面临更激烈的竞争。非正式博客不再是无关紧要的竞争对手；老品牌不再享有消费者的忠诚。在数字时代，媒体必须不断去赢得这种忠诚。

新智能技术的出现使得任何人都能更容易地创建和分发内容，这大大降低了进入新闻行业的门槛。由于互联网的出现，如今几乎人人皆可推出一份线上出版物并培养受众。

人工智能是这一转变的最新驱动力，它使得内容创建者能够由数据自动生成文本或视频,在文档中找到隐藏的洞见,并优化各个平台的内容分发。东京初创企业JX通讯社利用人工智能发现社交媒体上的突发新闻,自动创建"事故、自然灾害和其他事件紧急信息的新闻快报"。[13]这种新颖流程使该公司能够比日本传统报纸和电视台更早发布新闻。[14]

由于这些新兴流程,新闻机构现在不仅与其他发布商竞争,而且受到一些新技术的挑战,这些新技术颠覆了传统工作流程,令新闻内容商品化。

随着数字技术创造了一个不断变化的创新和适应环境,像书中这位"新闻生产人"这样的新闻工作者们需要重新评估他们必须为新闻消费者提供什么。他们不能只了解如何在工作场所利用新技术,还要积极采用新的工作方式来保持竞争优势。

以积极方式对新闻进行重新思考

设计新闻的未来需要谨慎乐观:要敏锐地意识到新闻业现存的局限性,同时要对创新抱有好奇心和热情。

"新闻生产人"的同事们不如她乐观。他们认为,在技术创新方面,编辑部极其缺乏灵敏性。

"新闻生产人"了解普遍存在于一些新闻机构的怀疑

态度,但她也知道,她的公司不需要复制硅谷就可以在当前的媒体环境中繁荣发展。初创产业综合体常常让媒体高管以为,模仿小型高增长机构是一家公司保持生命力的唯一途径,但事实并非如此。同样重要的是,寻找让一家机构在现有生态系统中变得更加灵敏的方法。目标:比前一天更灵敏。

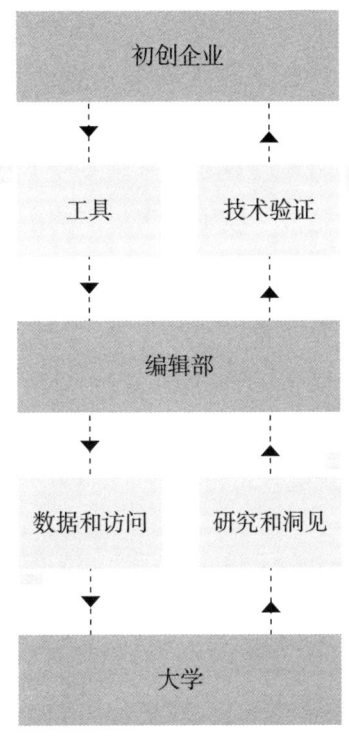

图0.3 新闻编辑部可与初创企业和大学等外部伙伴开展合作,试验新技术

"新闻生产人"所在公司等老牌新闻机构往往过于依赖现有的品牌、历史和声誉,而不会积极主动地寻求新的增长机会。新闻生产人们扭转这种制度惰性的一种方法是与研究人员和初创企业创始人会面,这些人可能对他们的机构有新鲜的想法。新公司常常很希望让成熟编辑部来测试它们的技术或实施它们的研究成果,这可能促成基于知识共享而不是大规模货币交换的互利合作。

这些合作所带来的一些想法或产品可能并不十分有用,但新闻工作者们最终会受益于学习如何在编辑部之外寻找解决方案。合作项目并不是唯一的潜在好处:寻求外部视角也可以创造基于技术公司、研究中心和编辑部之间合作的新就业岗位。例如,美联社设立了一个专门负责编辑部合作的职位,负责寻找与大学、初创企业和其他媒体机构合作的机会。[15]

新闻和信息获取方式的转变

在"新闻生产人"和同事所处的新闻业环境中,新闻与受众之间的关系近几十年发生了巨大变化。

广播和电视传统上是由预约驱动的平台,用户会在特定的时间和地点集合。但互联网与此不同,它令按需体验成为可能。它处于不断变化之中。电视、纸媒和广播等平台曾令媒体公司能够向受众提供独特的内容，但它们正迅速演变成与过去截然不同的样子。

这对"新闻生产人"所在的机构而言意味着什么？对受众来说又意味着什么？

在一个供过于求的新闻生态系统中，发布商意识到自己不仅需要制作更多的内容，以满足不同受众的需求，而且需要通过独特的报道角度和发布媒介令自己与众不同。

"新闻生产人"必须越来越多地问自己和同事一个问题：以令人信服的方式进行报道意味着什么？在数字语境下，这不仅关乎写作风格或新颖叙事，还关乎内容如何在各种新平台上分发和呈现。

这个激烈竞争环境也影响了新闻消费者对周遭世界的看法。如今，线上发布的民主化和社会化分发的增加令消费者能够在不同的新闻媒体来源和平台之间快速切换。正是这一点推动了新闻媒体之间的激烈竞争，它们都力争成为人们获取某些话题或报道领域新闻的首选来源。为此，一些编辑部会预测趋势并押注于几个热门话题。[16]

但如果这场新闻竞赛的参与者很多，并且有些新闻是大家都觉得应该追逐的，那么通过选择那些尚未受到广泛报道的新闻，"新闻生产人"和同事也更有可能成为人们获取新闻的一个首选来源。

对"新闻生产人"来说，这感觉像是在受欢迎度和报道必要性之间作出抉择。

这种两难境地在新闻编辑部十分常见。它也创造了一种动机，鼓励新闻工作者就属于下述两种极端情况之一的话题发布报道：边缘化或超极化。这两者都不利于培育健康的公共话语。在某些情况下，根据每个人的资料定制内容的个性化算法会加剧这个难题。当媒体呈现给用户的只是有关他们已经关心的那些话题的新闻报道，而没有包括各种不同观点时，这会导致一种单维的媒体消费，并最终令先入为主的观点得到强化。

在智能机器时代，新闻工作者在帮助读者应对复杂的信息生态系统方面扮演着重要角色。对新闻的人工判断可以确保受众能够及时了解有关公众感兴趣话题的信息。

对于"新闻生产人"来说，建立一种可持续的报道模式至关重要，这个模式要既能跟上技术变革，又能忠实于编辑价值观并为社会充当一个参考点。

找到合适模式

在市场经历广告费用由新闻公司向大型科技平台转移之际，建立一种可持续的新闻模式变得越来越重要。

根据2018年电子商务市场研究公司（eMarketer）的一

份报告,脸书、谷歌和亚马逊现在正获得超过62%的美国数字广告收入(相较于它们的整体结构),它们集合了大量受众,但并不需要承担高昂的内容开发成本。[17]与此同时,像苹果公司这样的科技公司正迅速成为付费优质内容领域的主要参与者,它的Apple News+提供《华尔街日报》和《洛杉矶时报》等出版物的订阅服务。

新闻与技术是两个在历史上拥有不同文化和经营模式的世界,它们之间的共生关系既制造了紧张,又带来了机遇。密苏里新闻学院的研究人员凯文·德鲁(Kevin Drew)和瑞安·托马斯(Ryan Thomas)进行的分析表明,尽管采编和经营部门的分离一直是新闻诚信的核心,但数字化转型带来的财务挑战已促使各部门之间开展更多协作。[18]

新闻机构如今的行为就像初创企业,新闻工作者们正在不断扩展自己除报道以外的技能。他们正在利用数据,打造产品,了解经营方面的知识,并为分发内容和扩大受众而探索新平台。毫不奇怪,"新闻程序员"组织(Journocoders)和"记者—技术专家"组织(Hacks/Hackers)等推动新闻业技术素养的组织以及像美国全国计算机辅助报道协会(National Institute for Computer-Assisted Reporting)所主办的会议那样的数据新闻会议正在业界变得大受欢迎。

但新闻机构仍然需要广泛的受众范围、大量新闻报道和编辑差异化。新闻业的这些传统信条仍然具有现实意义。然而，新闻编辑部现在也需要越来越高效的内容生产方式和能在数字环境中创造收入的新经营模式。

像本书接下来所说的那样，人工智能是新闻机构实现这些目标的一个重要途径。

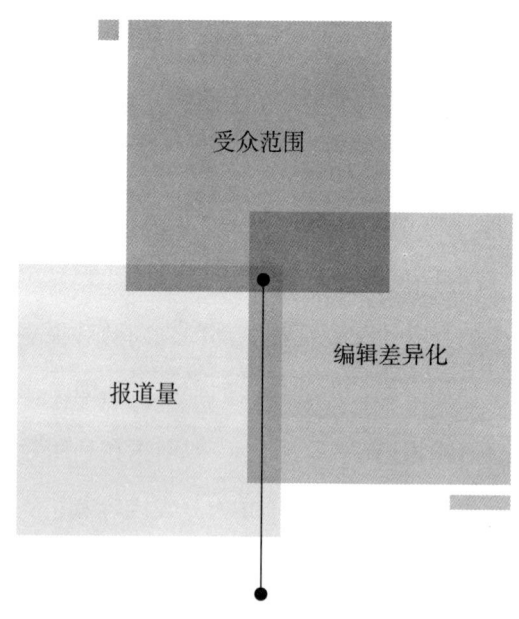

找到合适的新闻报道模式

图0.4　在一个供大于求并且竞争激烈的媒体生态环境中，新闻机构必须在受众范围、报道量和编辑差异化之间找到平衡

现在是新闻编辑部利用人工智能等技术的时候了,这些技术可以令内容格式多样化,提高工作流效率,并在不同平台分发新闻。最重要的是,现在是时候接受一种新的变革方式:迭代过程。

第一章

问题：转型中的新闻模式

虽然不久前，接下来的情景似乎还只是幻想，但由于人工智能的进步，我们不难想象它会在几年后发生。

这是不久的将来。当"新闻生产人"醒来时，她家里所有的智能设备也会醒来。其中一台设备开始播放"新闻生产人"的每日新闻摘要，开始播放的时间精确地定在她下床迈出几步的那一刻。它知道她醒来时大脑还没有准备好接收长篇新闻报道。

与此同时，她的智能住宅开始为这一天做准备。一台基于算法的咖啡机会根据"新闻生产人"的口味煮一杯咖啡。她的智能手机会准备一份当天日历预览，在她离开家之前，她已经了解了她所负责领域相关的最新消息。

出门后，"新闻生产人"跳进她的自动驾驶汽车。上班途中，根据她的消费模式，一个播客播放列表已经通过算

第一章　问题：转型中的新闻模式

法定制完成。

在离工作地几公里的地方，汽车传感器检测到空气质量下降了10%。这引起了"新闻生产人"的兴趣。当她快到编辑部时，一种跟踪社交媒体的算法通知她，网上关于该地区空气污染和儿童哮喘发作的议论增加了。

到办公室后，她立刻使用由人工智能驱动的软件来访问目标数据：一个无人机网络会测量空气质量并拍摄空中照片。她会获得下面的自动评估：

> 在过去十天里，纺织厂周围八公里范围内能见度有所下降，这是严重空气污染的一种潜在指示。

与此同时，"新闻生产人"命令一个人工智能软件来评估历史数据集，该软件会寻找关联，其中一些关联甚至是"新闻生产人"没有要求的。一项对美国国家环境卫生科学研究所数据库进行的分析显示，与历史趋势相比，该地区的污染率异常高。

与此同时，另一项人工智能正在检测关心孩子健康的家长们在社交媒体上的对话。该系统能快速总结家长讨论中的趋势。

新闻的新模式

"新闻生产人"决定利用对当地消息源的定性采访来探索这些发现。她的一些消息来源是她之前采访过的人,其他消息源则是由人工智能建议和定位的,包括当地一家纺织厂的经理。

后来,一项人工智能自动将所有采访音频整理成文字,节省了"新闻生产人"的手工劳动时间。她还想要确保自己正确理解了消息来源所表达的意思,因此她利用人工智能来评估所有表述的一致性,确保不存在任何矛盾之处。

在收集了定性和定量数据后,"新闻生产人"几乎做好了发表一篇报道的准备。她指示另一项人工智能生成一篇初稿,以汇总数据并总结之前关于该地区空气污染的新闻报道。这个程序为"新闻生产人"梳理出了这篇报道,她审阅了初稿并进行了一些编辑。在经过一名了解报道创建方式的自动化编辑审阅后,这篇报道将在各个平台上发布,标题为"费尔维尤父母担心空气污染有害健康"。

这篇最初的报道大受欢迎,许多读者要求了解更多信息。通过分析文章的评论区,相关的人工智能找出了一些关注此事的市民,他们正在讨论当地工厂主是否存在疏忽。她认为,这是一个很好的报道角度。

新的新闻报道模式在整合来自受众的实时反馈时最为有效。但这意味着记者必须调整他们的工作流,使之适应

第一章 问题：转型中的新闻模式

一种更具参与性和动态性的报道形式。在这个情境中，人工智能用于寻找相关见解，最重要的是，用于在新闻工作者为一项全面新闻调查投入大量资源之前测试这个话题是否能令读者感兴趣。这就是迭代新闻。

机器不会取代新闻工作者最重要的一些角色。它们将为记者提供助力，为他们提供对新闻进行更深入报道并积极与读者建立联系的机会。虽然这样的转型并不容易，但新闻工作者的个人贡献对于这一过程仍将至关重要。

欢迎来到"新闻生产人"的新世界。[1]这是一个人机协作的世界，在这个世界，数据被用作原材料，而非内容，数据可以由传感器收集，由新闻档案库中挖掘，并由算法进行分析，以提取见解。

这个世界令新闻工作者能利用开放资源收集信息，并将新闻消费者的反馈作为该过程中一个不可或缺的组成部分。在这个世界，通过适应新的信息传播方式，新闻生产人拥有在更大程度上发挥创造力的自由。他们是否会利用他们新获得的自由，这是另一个问题。

1.1 旧新闻报道模式

纵观新闻报道的历史，它一直是线性运作的——记者们通过耗时费力的调研和数据分析想出一个报道思路,培育和采访消息源,将所有这些信息包装成一篇草稿,然后与编辑合力敲定他们的一次性文章(文章在不同平台上进行有限的分发)。很长时间之后,报道才最终发表。直到发表后,读者才能看到那篇新闻报道。

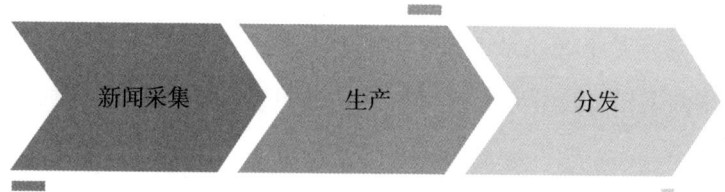

图1.1 传统新闻报道模式是线性的、刻板的、结构化的

对"新闻生产人"来说,这一流程在程序上的低效只是问题的开始。

一直以来,"新闻生产人"无法就仍在撰写和完善的报道获得受众反馈。她只能蜻蜓点水式地审视她所掌握的数据;对一个面临紧迫截稿期限的人来说,在数据中寻找复杂相关性并不可行。

在现代媒体消费的背景下,这种传统模式的局限性已经变得十分明显。它的刻板僵化令新闻工作者无法在一篇报道中找到相关的新视角,因为在报道发表之前,他们几乎没有机会考虑各种想法。

第一章 问题：转型中的新闻模式

我们可以将"新闻生产人"在这种传统模式下的核心活动分为三个步骤：收集信息，将信息打包成一篇报道，最后通过她所在报社以印刷或线上形式分发这篇报道。每个步骤都可以受益于人工智能。

新闻采集速度缓慢并因人工流程受限

在传统的新闻采写模式中，"新闻生产人"使用的是自己的档案材料、公开的数据以及自己多年来使用的可靠消息源——市书记官、社区主要领导者、县工业协会主席等。

"新闻生产人"过去有一份消息源名单，她一直使用这些消息源。事实上，她离不开他们。他们就是她的关系网，虽然这个网络范围广泛，但在很多情况下，她从未觉得它足够庞大或足够多样化。

她当面、打电话或通过电子邮件进行采访，在笔记本电脑上做记录，将录音内容手工整理成文字，并用文字处理器起草新闻报道。为了前文提到的一篇报道，她筛选了数千个数据点和州环保局关于工厂污染的报告。光是这项工作就让她花费了几个小时。有时候，她会想，她拿新闻学的学位可不仅仅是为了整理电话采访内容的。

整个新闻采集过程十分缓慢，需要人工进行，并且严重依赖于编辑人员形成的制度化知识。制度化知识并不是坏事，只要它没有过度制度化。在这种情况下，原本可以提高报道效率的技术、外部数据和受众反馈都被忽视了，原因仅仅是编辑部的结构性低效使得"新闻生产人"时间紧迫。

在将人工智能和其他新技术融入自己的工作中之前，"新闻生产人"评估了严格依赖传统方法收集数据的风险。她知道，如果她掌握更多数据，她的报道中会包含更多背景，但她也知道，她的时间非常有限。阅读用户在网站上的评论（其中一些不太好）后，她意识到自己的报道本可探索其他贴近受众的角度。

如果几年前有实时受众反馈和先进的人工智能软件可用，她的报道会有多大的不同？

她写过一篇关于大学校园安全的报道，她为此花费了两个月时间进行调研和写作，这篇报道本可受益于更多来自州内大学投诉的实时更新。如果她利用从公共数据库和文件中获取信息的新兴工具来撰写这篇报道，她就可以在报道中就这些安全事件如何继续影响学校不断加入新的内容。

这些数据可以来自社交聆听工具，一些追踪推特、脸书和网络论坛上对话转换的算法，或者大学自己发布的公开报告。

第一章　问题：转型中的新闻模式

与此同时，这些敏感数据不会在"新闻生产人"对其进行审查之前就直接发布。这就是为什么丰富报道不能仅靠人工智能，而是要靠新闻直觉和机器智能的结合。

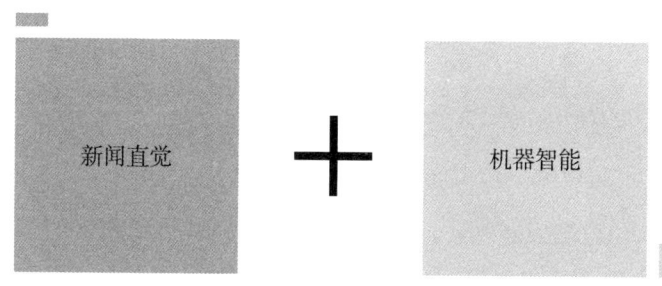

图1.2　人机协作：将人的直觉与计算机智能相结合

编辑部的未来取决于人力资本和技术资本方面的投资。路透社新闻研究所2018年进行的一项调查显示，78%的受访者认为人工智能方面的投资很有必要，而85%的受访者认为，人类新闻工作者将帮助新闻编辑部应对未来的挑战。[2]

在新的人机协作模式中，新闻报道变成了动态的。在"新闻生产人"的校园安全报道中，随着报道事件的增加，内容可以自动刷新，以表明更严峻的形势。借助人工智能，这篇报道会撰写一次，但在编辑的监督下，它可以不断加入新的数据作为背景。

在传统模式下，"新闻生产人"和同事都倾向于用相

· 25 ·

似的方式来处理一篇报道。他们搜索数据以发现异常,然后对这些异常和采访进行交叉引用。他们忽视的一点是,数据中的异常或消息源观点的冲突并不总是有意义的。或许,更重要的是,反命题也是正确的:一个数据点没有异常并不意味着它无关紧要。这就是机器现在为"新闻生产人"提供帮助的地方。

在2017年一项关于侦察飞机的调查中,"嗡嗡喂"新闻网站(BuzzFeed News)训练了一个机器学习模型,用于寻找飞行模式与国土安全部和联邦调查局飞机相似的飞机。[3] 该系统接受过来自两万架飞机的数据的训练,它能寻找飞行速度、高度和时间等属性。尽管该算法能够让记者准确识别执法机构的新侦察机,但也产生了一些不准确的结果。在某些情况下,人工智能以为跳伞活动是侦察飞机,因为这两者的飞行模式存在相似之处——都会在一个小范围内航行一定时间。这个机器犯了一个由仔细的人工监督发现的错误。

如上所述,利用新的数据分析方法、报道素材来源和由机器驱动的受众分析可以帮助新闻机构找到新的报道主题,为它们的报道加入更多背景,并开辟一个与受众对话的透明渠道。

例如,英国《金融时报》利用人工智能开发了一个名为"她说他说"（She Said He Said）的自动程序，它可以自动跟踪文字报道中引用的消息来源是男性还是女性。[4]该系统使用跟踪代词和名字的文本分析算法，以确定任何给定文章中所提到人士的性别。在记者们撰写报道时，这款自动程序会在性别比例出现任何不平衡时发出提醒。此前一个名为"珍妮特自动程序"（JanetBot）的项目利用计算机视觉来识别《金融时报》主页图片中的男性和女性。[5]《金融时报》称，这些努力基于相关研究，这些研究显示，"包含女性引语的报道与女性读者的更高参与率之间存在正相关"。

与此同时，选择不利用外部数据或受众反馈对新闻机构是不利的，因为这样做有可能带来回音室效应，从而阻碍发现新报道主题和角度或令受众多样化的机会。

传统流程是一种"一刀切"解决方案

对于那篇有关大学校园安全的报道，"新闻生产人"的时间只够形成一个视角，迎合一群受众，这是一群定义模糊的受众，她一直以来都在为这样一群受众写稿。像许多新闻工作者多年来所做的那样，"新闻生产人"接受了为一群想象中的受众写作的训练，但对于她的读者究竟是谁了解非常有限。

例如，一篇题为《费尔维尤大学校园安全事件迫使校长辞职》的报道会以同样的形式呈现给一名就读于费尔维尤大学的20岁女性和邻近富兰克林镇一名正在申请大学的高年级高中生的父亲。报道内容是"一刀切"的。怎么会不这样呢？"新闻生产人"撰写新闻报道是希望能让尽可能多的人读到，但她不能为五个不同的读者或平台定制五篇不同的报道，因为她没有时间，也没有资源。

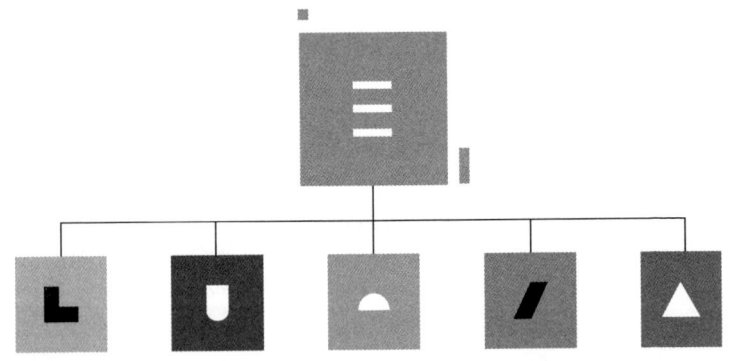

图1.3 传统模式依赖"一刀切"报道方式，为不同读者呈现同一内容

在这种传统模式中，"一刀切"可以理解。新闻工作者的作品中有很大一部分是耗时工序的产物，从文字报道到视频再到照片，所有这些都是在没有智能技术帮助的情况下完成的。在这个模式中，人力投入是这一流程的主要驱动力。

但这种方式与当前的媒体格局不符。在内容供过于求而技术供不应求的情况下，发布商必须学会尊重差异化的价值。曾经可以满足需要的旧媒体模式现在正变得不足，因为人们现在对信息来源的期望和选择扩大了，仅靠人类新闻工作者已无法满足日益增长的个性化需求。

经过编辑的审查后，"新闻生产人"的校园安全报道发表了。在旧模式中，传播仅限于编辑部能完全掌控的分发渠道：每周一期的纸质报纸、网站、移动应用程序，在某些情况下，还有社交媒体上旨在将流量带回主页的链接。

这一情境说明了传统新闻报道模式极具线性——收集信息，创作一篇有特定用途的报道，然后将其作为最终产品分发出去。但随着新技术进入社会的血液，它们可以加速编辑部的运作，从而为新的新闻报道模式铺平道路。

1.2 新的新闻报道模式

现在（以及未来），"新闻生产人"终于拥有了她所需要的工具，可以重新想象新闻报道能是什么样子。

▌新闻的新模式

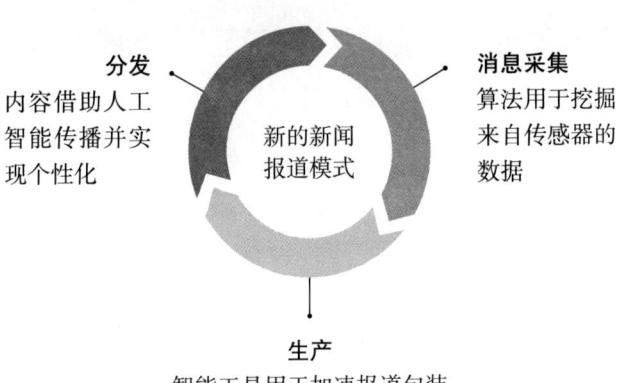

图1.4 现代新闻工作流是动态的,流程中的每一个步骤都因人工智能得到加强

在由人工智能驱动的工具随时可用的情况下,新的新闻报道模式脱离了每篇报道都要依次经过"采集、包装和分发"的线性程序。它把每一步拆分开来,以新技术对其进行加强。

新闻采集在编辑部之外成形

在最近一次聚焦新闻创新的行业会议上,"新闻生产人"了解到许多新方法,这些方法令记者能够获取并核实任何人创建的内容,无论主题、格式或地点。

她尤为感兴趣的是用户生成内容、无人机拍摄画面和传感器数据如何提供来自现场的情报,这些现场常常是记者无法进入的地方。即使没有任何人工智能方面的背景,

第一章 问题：转型中的新闻模式

"新闻生产人"也越来越相信她能将这些新的内容来源融入自己的工作中。对她来说，这些来源是互补而非竞争关系。

从长远角度来看，"新闻生产人"回忆起电话到20世纪30年代中期是如何成为一种重要新闻采集工具的。[6]电话使记者能够更快地与消息源取得联系，并大大扩展了他们的接触范围。今天，我们就人工智能也可以这样说：它只是编辑工具组合中的另一种工具。

例如，依靠由人工智能驱动的"新闻追踪者"（News Tracer）平台，路透社得以过滤社交媒体上的新话题，以确定它们是否具有新闻价值和真实性，这有助于记者更快速地监控事件并找到相关叙述。这个工具对于突发新闻事件尤为重要。2015年，它先于任何其他新闻机构发现了记录加利福尼亚州圣贝纳迪诺枪击案的社交媒体活动。第二年，"新闻追踪者"系统在其他媒体发布消息前18分钟就提醒路透社新闻采编人员厄瓜多尔发生了地震。[7]

目击者无处不在

社交媒体平台的兴起带来了这样一种生态系统，在该系统中，从恐怖袭击到游行，再到当地高中足球队获胜，文字、照片和视频为这些大大小小的突发新闻事件提供了目击视角。这正以前所未有的规模和速度发生。

通过从社交媒体和其他公开来源挖掘动态消息,人工智能还使"新闻生产人"得以发现报道现有新闻的新视角。它令新闻工作者得以利用整个数字领域作为一个巨大的结构化信息来源。

例如,西班牙《国家报》通过分析数百个社交媒体账户,利用数据挖掘工具Graphext来绘制政客和媒体之间的关系图。[8]

与路透社一样,法国国家广播电台(Radio France)与技术公司"数据矿工"公司(Dataminr)合作,利用由人工智能驱动的工具来检测社交媒体对话中的离群数据。这令这家法国新闻机构在报道2016年布鲁塞尔机场爆炸案和尼斯恐怖袭击事件时夺得领先,因为社交媒体的功能就像一个预警系统,可以发现新出现的叙事线索。[9]这种早期发现让新闻工作者有更多时间来策划和应对突发新闻。

"新闻生产人"现在可以利用公民在社交媒体上发布的最新消息来衡量公共话语,包括人们对前面提到的费尔维尤工厂问题的看法。通过审视社交媒体、公共记录、新闻档案和论坛以及其他比"新闻生产人"眨眼速度更快的信息来源,人工智能为新闻报道带来了一个新的视角。

最近这些系统之一发送给"新闻生产人"的一条快

第一章 问题：转型中的新闻模式

讯写道：

> 东费尔维尤的母亲们正在谈论阿片类药物致死事件异常频发，此类事件自上周以来增加了250%。

这类人工智能工具的工作原理是将具有相似人口学或心理特征的人集合在一起，然后对他们在网上发布的新消息进行语义分析（语言背后的含义）。这种方法是这样一个过程：通过分析言语中的模式，机器可以将相似的内容归在一起。

这种新方法可以通过社交媒体动态推送为发布商提供直接来自公民关切的新闻，并帮助新闻工作者对任何特定时刻影响受众生活的问题和事件做出反应。

然而，随着公众更加注重数据隐私，更多像WhatsApp、Signal和微信这样的私密封闭社交网络将出现增长，这将影响新闻工作者对社交媒体进行的这种监控。事实上，《2018年数字新闻报告》发现，私人消息正在成为一种越来越重要的新闻来源，在过去四年里，使用WhatsApp获取新闻者所占比例翻了一番，达到16%。[10]皮尤研究中心的一项研究发现，在18岁至29岁的年轻人中，44%的人已经从

新闻的新模式

手机中删除了脸书应用程序，64%的人在去年调整了隐私设置。[11]这些趋势表明，众包报道必须不断作出调整，尤其要适应人们通过私人媒介讨论新闻的情况。

"新闻生产人"使用的一个由人工智能驱动的新工具可以监控所有媒体机构（无论是通过社交媒体、RSS订阅、网络抓取，还是其他来源），以确定谁在报道什么话题，哪些事情正在被调查，调查发生在何时、何处：

> 保守派新闻媒体今天提到英国首相的次数比每周平均水平上升了5%。这些报道讨论了预算和医疗改革相关概念。

简而言之，这条推送消息为"新闻生产人"和同事提供关于新闻的新闻。在这项人工智能内，各种计算机程序会跟踪主要媒体，还有其他程序负责分析媒体发布的内容。这项人工智能已经使用大量新闻报道进行过训练，能够阅读并识别主题、情绪和其他有用的特征。这些原本需要新闻生产人花几个小时才能看完，而人工智能却能以一种高效的方式对它们进行整理和呈现。

有了它，"新闻生产人"及其同事就能知道谁在报道什么，最重要的是知道其他媒体是如何进行报道的，这使得他们能够更好地令自己的报道与众不同，从而以最有力、最独特的角度获得尽可能广泛的受众。

上面所说的技术并不是科幻。《华尔街日报》从拥有超过3.3万个来源的数据库法克蒂瓦公司（Factiva）中挖掘新闻档案，以监控不断变化的监管和金融犯罪形势。麻省理工学院公民媒体中心（Center for Civic Media）的研究人员开发了一个名为"媒体云"（Media Cloud）的工具，该工具为沃卡蒂夫新闻网站（Vocativ）和538网站（FiveThirtyEight）等新兴新闻机构所使用。该工具发现，在2013—2016年埃博拉疫情期间，尽管这种疾病在西非导致的死亡人数最多，但公众对美国感染情况相关报道的参与程度超过了西非感染情况相关报道，这突出了全球卫生组织在试图引导有关埃博拉疫情的叙事方面所面临的挑战。[12]

新闻编辑部从来没有足够的记者，更没有足够的时间去研究每一个可能的新闻故事或可能的角度。在传统模式下，"新闻生产人"往往会陷入同一个新闻循环（糟糕天气、政治丑闻、公司倒闭、当地英雄，等等），但通过对着自己的报道竖起一面镜子，机器学习工具有助于创建更多样化的新闻议程和消息获取方式。任何数据点（从社交媒体到公共记录和官方文件，从新闻稿到新闻档案）都可以用来推动新闻报道。

与麻省理工学院媒体实验室（Media Lab）的社交机器实验室（Laboratory for Social Machines）合作，维斯新闻（Vice News）制作了一条报道，展示了2016年美国总统大选前推特网站上的政治分歧。[13]麻省理工学院的研究人员构建了一系列分类器（智能过滤器），根据推特用户的政治意识形态和地理位置对其进行分类，他们使用的是一种名为"监督式学习"的人工智能。通过这种方法，人们有可能了解各政治派别用户关系的结构和动态。维斯新闻发现，唐纳德·特朗普的支持者在谈论政治时形成了"一个特殊的孤立群体"，而希拉里·克林顿的支持者作为一个群体的凝聚力要弱得多。虽然这些数据并不能预测选举结果，但它们为新闻工作者提供了一个前所未有的分析视角，让他们得以了解信息泡沫在美国近代历史的一个关键时期可能如何推动了公共话语的两极分化。

这些数据结果的复杂性表明，无论这些系统变得多么先进，人类仍将在为机器定义最佳做法和对结果进行解读方面发挥核心作用。了解算法如何在数据集之间建立因果关系，识别某个消息来源何时可能具有价值，并知道何时推进或退出一篇报道，这些是"新闻生产人"的责任。

第一章 问题：转型中的新闻模式

新兴新闻采集形式

"新闻生产人"不仅利用现有的人类资源，她还在尝试如何通过新技术收集更多信息。车内传感器或用来追踪移动轨迹的数据信标等智能设备，也可以用来为报道提供更多背景信息。

新闻编辑部采用人工智能时需要思考的问题

- **挑战**：你试图解决什么样的挑战？
- **流程**：你如何将挑战转化为更小的步骤？
- **数据**：你有用来解决挑战的合适数据吗？
- **研究**：数据来自何处，如何对数据进行审查？
- **隐患**：算法可能出现哪些错误，如何加入编辑监督？

智能传感器可以为她提供交通、天气、人口密度或电力消耗方面的数据。借助其他类似的智能设备，"新闻生产人"可以监测娱乐和政治事件的振动和噪声，以识别一场音乐会上最受欢迎的歌曲、一场比赛中最精彩的部分或是最能引起参加竞选集会者共鸣的引语。她还可以监测建筑工地的振动以测量附近居民和企业受到的影响，或者在新的公共交通站点跟踪人流量以判断其使用情况。

《南佛罗里达太阳哨兵报》通过GPS传感器收集数据，以调查警察超速驾驶问题，相关系列报道在2013年获得了普利策公共服务奖。[14]公共广播项目"广播实验室"（Radiolab）利用温度传感器预测蝉的到来，并评估热应激对纽约市哈勒姆区的影响。[15]

一些新闻机构甚至在试验人工智能传感器。研究人员斯蒂芬妮·何（音）（Stephanie Ho）与纽约大学的"工作室20"（Studio 20）新闻项目合作，与美联社一起研发了一款由传感器驱动的摄像机的雏形，这款摄像机可供记者和摄影师在大型公共活动中使用。[16]这种传感器能监测空间中的噪音等触发因素，当触发因素达到某个门槛时，传感器会拍摄一张照片并通过电子邮件将其发送给记者。

这些进展令像"新闻生产人"这样的新闻工作者感到兴奋。但许多新闻编辑部视其为威胁，它们从中看到了这个职业的消亡。但事实上一种更准确的观点是，这项技术进展不会取代搜集报道素材的传统方法，而是会增加编辑部获取数据和洞见的机会。

与此同时，借助大学的帮助或者与科技公司的合作，试验人工智能正变得越来越容易。建立这些合作关系可以通过在新闻编辑部接待大学研究人员以及在新闻学院开设顶石课程。对于经费不足、希望以具有成本效益的方式进行创新的新闻机构来说，另一个有效的方法是寻求基金会资助。例如，《西雅图时报》得到了奈特基金会（Knight Foundation）"人工智能与新闻：公开挑战赛"（AI and the News: Open Challenge）的资助，致力于开发一个评估机器学习对脑力和体力劳动所带来影响的报道项目。[17]

与一名大学研究人员合作，"新闻生产人"利用一个人工智能系统来调查对费尔维尤火车站的4000万美元投资是否很好地利用了公共资金。该市交通局局长最近认为该项目是一个巨大"成功"，声称该站的日均客流量达到3000人。通过安装先进的人工智能传感器来监控进出车站的人数，并利用一台支持人工智能的计算机来检测和分析某些目标（如人）的图像，"新闻生产人"得以确定实际客流量接近1500，是官方公布数字的一半。

这个数据点促使"新闻生产人"进一步展开调查，她要求获得关于售票量的公共记录，并对车站工作人员进行了采访。这项调查带来的新闻作品标题为"交通局局长夸大客流量预估"。

在这个例子中，人工智能技术帮助"新闻生产人"对一名政府官员进行了监督。

《纽约时报》也采用了这种技术，目的是说明图像识别的强大和危险。[18]新闻工作者们利用了纽约市布莱恩特公园的公共视频片段,并通过亚马逊的面部识别软件(该软件在市场上可以买到)对其进行分析,从而成功识别了被摄像头拍到在公园旁散步的数千人的面孔。他们就此发表了一篇交互式报道,讨论了这类技术更广泛的影响以及政府对它的潜在应用。最令人惊讶的是,这篇报道重点采访了一些最初被《纽约时报》人工智能系统跟踪的个人。

新闻生产人应用的类似技术也正帮助他们的编辑部变得更有效率。记者们可以不用花费宝贵的工作时间来将采访整理成文字或手动输入数据集,而将日常职责集中于拨打重要电话和追踪由人工智能的洞察力所获得的线索上。记者应该是记者,而不是助理兼记者。

利用人工智能,"新闻生产人"还拥有了识别数据中因果关系或相关性所需的工具和计算能力,而这些因果关系或相关性是她自己原本不会注意到的。但即使人工智能识别了这些联系,她仍然需要对数据中的关系进行验证和分析。

也许人工智能检测到只有1500人进出费尔维尤火车站,但它的运动传感器和图像识别软件没有识别出婴儿车里的儿童。在这一方面,人工审计对由人工智能驱动的系统而言不仅至关重要，而且不可替代。

　　随着人工智能技术的普及，在公众寻求理解这些支配他们生活的技术时，可解释性会成为一个高需求特性。因为算法在编写时常常像一个个"黑箱"，用户只能看到输入和输出，所以新闻工作者必须承担解释和检查这些技术的角色。因此，即使一次调查采用了人工智能，人类记者对新闻报道过程也依然十分关键。

为评估由人工智能驱动的结果，新闻工作者可以进行以下合理性检查

- **一致性**：确保输出是合理的，并且与最初对数据的理解一致。这意味着要确认某个结果的数量级是适当的（例如，数千人相对于数百人）。
- **可复制性**：确保在编辑对结果进行检查时可以重现输出。新闻工作者应该保存所用数据、方法和最终输出的记录。
- **验证**：请同事对照检查最终计算结果。保存整个过程的记录十分重要，这样易于向其他新闻工作者解释一篇报道中的某种算法结果是如何得到的。

新闻分发：编辑部进行报道时不拘泥于单一输出

"新闻生产人"注意到，消费者正以多种视角审视新闻，从多种平台获取新闻，皮尤研究中心2018年的一项研究显示，68%的美国成年人从社交媒体网站获取新闻。[19]现在，她所在的刚采用人工智能驱动的新闻编辑部可以提供适应不同消费者的多个报道角度。

更重要的是，新闻工作者可以与人工智能合作，将新闻重新构想为动态的，而不是静态的。从历史上看，新闻关系一直是单向的，围绕着发布商的条款和时间表，存在于新闻机构和单一受众之间。

现代媒体消费者寻求的是信息和分析方面的即时价值；如果他们没有在一个地方找到它，他们不会投资于同内容的进一步交互，而是会去别处了解世界。考虑到几乎所有媒体提供商都在互联网上，这意味着存在一个统一的"注意力竞争舞台"，大家都在同一个环境中展开竞争。20年前的情况并非如此，当时，每种媒体都有一个不同的分发渠道：人们在电视上看节目，用收音机听广播，在报纸上读新闻。传统新闻机构正在与所有其他信息来源（不仅仅是其他新闻机构）争夺受众和用户的注意力。这意味着新闻发布商不仅需要令自己与其他发布商区别开来，还

第一章　问题：转型中的新闻模式

需要令自己作为一个行业与其他行业区别开来，使自己的内容与互联网上的游戏、图书和电影等其他媒体相比具有竞争力。

"新闻生产人"一直在探索新的报道主题和独特的节目编排，以吸引不同细分市场的新受众。她最近使用了一个视频自动化工具来生成特定话题的内容，比如气候变化、大麻合法化、太空探索和其他年轻读者尤为感兴趣的话题。

在人工智能之外，令发布商与众不同的一种策略是向一些目前并非主要新闻来源的新兴平台扩张。例如，《华盛顿邮报》在"特威奇"游戏直播平台（Twitch）上推出了"与政客玩游戏"（Playing Games with Politicians）系列，令用户能在玩游戏的同时跟踪政客们的采访。[20]与此同时，电子游戏新闻业是一个新兴领域，在这个领域，记者与电子游戏设计师合作，将记者报道的故事和经历制作成交互式应用程序。美国公共媒体的"预算英雄"（Budget Hero）游戏让用户尝试平衡联邦预算，它是利用一种将信息与娱乐结合起来的新兴媒体形式进行创新报道的一个例子。[21]

随着争夺受众的竞争不断加剧，新的数字报道形式迅速增加，其中许多是由人工智能驱动的。社交媒体和移动平台的影响力以及能够创建报道新版本的算法促使报道结构发生了根本性变化。[22]新兴和新普及的新闻入口点包括图像、时间线、社交媒体卡片、短视频、虚拟和增强现实、业务通信、机器人程序、数据可视化、清单体文章、长篇交互式报道、支持语音的新闻、可探索的解释器、提醒和通知等。这些新方式并不能取代传统的新闻报道。事实上，它们只是使新闻工作者能够为受众提供更多的价值以及更多与信息进行交互的访问点。

2016年，美联社和路透社等新闻机构利用人工智能驱动的平台格拉菲克公司（Graphiq）自动生成数据可视化，并将其直接插入文章中，为读者提供额外的背景。这项人工智能的工作原理是理解一篇报道所涉及概念的性质，并将这些概念与相关的数据视觉材料进行配对。在某些情况下，使用该系统的发布商发现读者在网站上的阅读时间增加了40%。[23]这些新报道形式的发展可能需要更多资源和培训，以帮助管理新兴的生产流程，并解锁利用这些人工智能工具所带来的所有优势。

考虑到整个行业的资源问题，新闻工作者如何在时间和经济限制下培育动态报道？"新闻生产人"发现，一个解决方案是自动创建同一新闻事件不同版本的报道。

第一章 问题：转型中的新闻模式

图1.5 新闻编辑部须能生产多种格式，并在不同平台分发内容，人工智能令新闻生产人得以大规模这样做

利用摘要技术，"新闻生产人"可以自动将一篇长文章转换成适合在手机上阅读的帖子。这个过程依赖于一种名为"自然语言"的人工智能，它是一类帮助计算机解读和掌握人类语言的算法。在由人工智能驱动的摘要中，算法会对短语的相关性进行排序，并自动从原始新闻文章中选择能传递最关键信息的段落。

"新闻生产人"还可以有效利用人工智能将体育运动数据大规模转化为成百上千篇文本报道，甚至可以采取不同的角度，例如从获胜队和失利队的角度。这不仅适用于新闻标题，也适用于报道本身。在这种情况下，这些算法可以帮助"新闻生产人"生成同一新闻事件的不同版本报道，如果依靠人工，这项工作将极其耗时。

> 巴萨再次遭皇马淘汰
> VS.
> 皇马连胜巴萨

例如，由人工智能驱动的纳拉蒂瓦通讯社（Narrativa）每周都能用英语、西班牙语和阿拉伯语为不同的联赛和球队制作1.8万篇不同的足球新闻报道。这些报道随后由MSN.com和西班牙《机密报》等新闻门户网站发布。

探索这类能力甚至令"新闻生产人"得以根据世界不同地区创建不同的报道版本：

> 今天在伦敦，首相宣布……
> 在英国首都伦敦，首相……
> 在唐宁街前举行的一场吹风会上……
> （注：我们将在第二章详细解释这些技术如何运作。）

第一章 问题：转型中的新闻模式

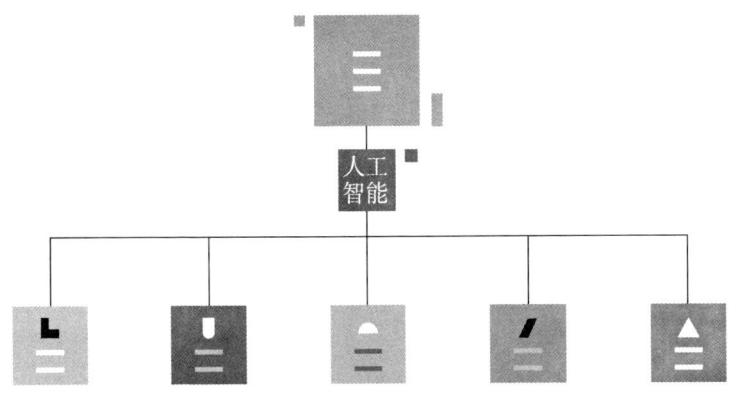

图1.6 人工智能让新闻工作者得以针对个体新闻
消费者将内容个性化、本地化

虽然本地化和个性化能推动消费，但如果没有编辑准则和明确的新闻标准，它们也可能造成公共领域的扭曲。例如，你认为以下哪个标题更具批判性？你认为反对党支持者更有可能点击哪个标题？

标题1：进步党强推议案，要求加强金融监管
标题2：进步党提出议案，吁请进一步加强金融监管

生成转述文本仍然是自然语言处理方面的一个新兴领域。基本技巧包括使用语法规则和同义词来替换句子中的词汇。更复杂的方法是使用人工智能模型，这些模型经过

了训练，通过学习原文和转述文本中的词序模式，可以将较长段落转化成较短段落。类似的方法可用于根据读者、个性、口吻、地点、时间等因素来定制内容。

需要注意的一个陷阱是，新闻消费者倾向于寻求能够证实自己已有想法的内容，这种现象被称为确认偏差，这可能导致他们只在社交媒体上分享自己的特定观点，并推动更加两极化的网络话语。[24] 从不同角度提供个性化内容的新闻编辑部应该注意不要用这些工具来助长更加两极化的消费。

只要新闻工作者注意这些预防措施，编辑部就可以利用人工智能从档案中提取数据，挖掘数据以获取洞见，甚至在分发前自动令内容个性化，以此推进他们的新闻使命。使用人工智能开发的算法可以将数据转换为报道，并根据实时反馈对其进行个性化定制，以满足特定的受众需求。智能机器可以使这个过程更快速、更高效。我们生活在一个由数据驱动的世界。我们始终如此。现在唯一的不同是我们拥有了测量、解读和处理数据的工具，并且拥有了形成更深入观点的时间。

自动化使新闻机构能够以更低成本分发更多内容，同时还可以生产在没有自动化的情况下制作成本会极其高昂的全新内容。

第一章　问题：转型中的新闻模式

不用说，在不采取成本削减策略的情况下提供更高质量成果的承诺并不新鲜，也未必是人工智能所独有的。工业革命期间，商业巨头们曾承诺机器只会改变而不会取代人类的工作，同时会大大提高人们的平均生活质量。机器会从事低级的工作，把更复杂、更有趣的工作留给人类。但一些企业利用新机器的效率来降低运营成本，却没有把资金再投资于更高层次的工作。这也是对人工智能的一项合理关切。

令人鼓舞的是，研究表明，涉及创意、构思和同理心的工作是最不可能自动化的。在2013年的一项研究中，牛津大学的研究人员发现，计算机接管新闻撰稿人和报纸编辑工作的可能性为8%，而这一数字对采访记者和通讯员来说为11%。[25]与此同时，银行职员岗位自动化的可能性为96.8%，体育教练为38.3%。

美联社等机构在这一问题上采取了更为积极、更具战略性的做法，自2014年以来，美联社利用自动化金融报道为其节省的时间（据估计节省了新闻工作者20%的时间[26]）来对记者进行沉浸式媒体和数字报道方面的培训。不仅没有人失业，还创造了新的工作岗位，比如自动化编辑。

探索新的模式和分发点

自互联网出现以来,发布商一直试图利用社交媒体网络等分发渠道来带动自己网站的浏览量。现在,通过脸书网站的即时文章(Instant Article)和谷歌的发布商订阅工具等服务,内容可以在这些第三方平台上存储、分发并赚取收入。例如,人工智能平台内特夫公司(Naytev)2016年进行的一项分析显示,"嗡嗡喂"新闻网站使用了45种不同的分发渠道,包括消息应用程序以及图片和视频共享平台。[27]这家发布商有多达80%的影响范围存在于它自己的网站之外。

"新闻生产人"已经看到"这里是新闻"网站(NowThis)等新一批媒体公司的兴起,这些公司强调通过第三方平台实现其内容的多方发布。这是正确的方法吗?如何保持内容控制和标准?

当内容分发到发布商的自有渠道以外时,一种现实存在的风险是,一些文章会出现在极大影响报道可靠性的内容旁边。例如,如果一篇关于选举结果的报道在动态新闻推送中出现在一篇包含矛盾观点的伪报道旁边,这可能会令读者困惑,不知道该信任哪个来源。

这种风险出现在技术、编辑标准和战略的接合点。同

第一章　问题：转型中的新闻模式

样面临风险的是创收方面的巨大变化。在考虑多方发布内容时，发布商应该只向选定的合作伙伴分发内容，以此保护自己的品牌不受稀释。然而，多样化同样重要，因为依赖单一的第三方平台可能会阻碍受众和收入的长期增长。最重要的是，确保对整个新闻体验的编辑控制十分关键，尤其是在消费发生于发布商自有的数字渠道以外时。

在20世纪的大部分时间和21世纪初，新闻媒体公司（无论是印刷、广播还是线上媒体）都主要通过订阅或其他经常性费用和广告来创收，他们的收入至少间接地与受众规模相对应。随着互联网的出现，21世纪早些时候，发布商越来越多地转向外部平台来打造自己的品牌。

现在，发布商的目标不再仅仅是通过搜索和社交来获取流量。他们还通过脸书、推特、YouTube、Snapchat等第三方平台多方发布内容。流量获取策略的主要目标是将读者带回发布商自有的渠道，而内容多方发布策略侧重于在发布商自有网站以外吸引受众，并通过与第三方平台的收入分成协议赚取收入。

通过与业内同行交谈，"新闻生产人"发现了一些在考虑多方发布内容时值得探索的想法。

这种新的分发策略不仅需要新的商业模式，还需要编辑方面新的思维方式。新闻编辑部开始对多个平台负责，编辑变得不仅仅是新闻工作者——他们现在是"信息官"，必须适应不同的平台，同时还要留意报道的原始目标和信息收集框架。

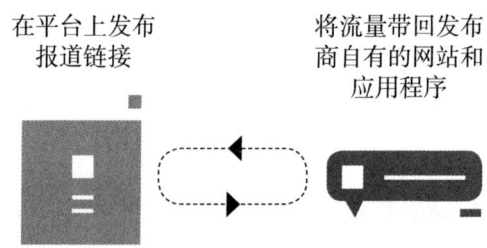

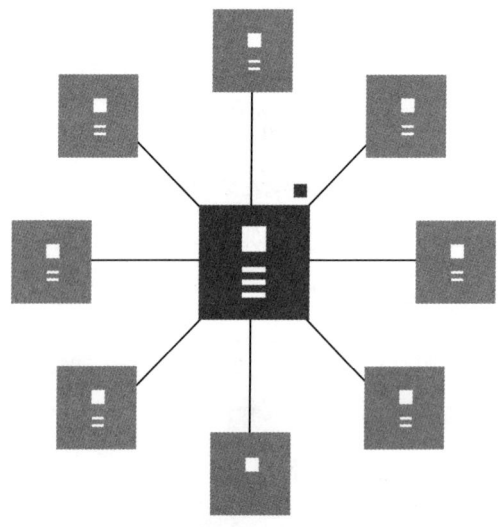

图1.7 流量获取和通过第三方平台多方发布内容

路透社、《芝加哥论坛报》、赫斯特公司（Hearst）和哥伦比亚广播交互式媒体公司（CBS Interactive）等媒体机构都部署了由人工智能驱动的内容分发平台"真正赞美诗"公司（True Anthem），以确定哪些报道应该再传播，以及它们应该何时在各个社交媒体平台发布。[28]为做出这些决定，该系统会跟踪那些预测效果的信号，包括受众参与度、发布频率和一天中的时间。通过编制内容索引和从文章中提取描述性元数据，该平台还能以发布商的口吻和声音自动生成帖子。

1.3 新模式需要新工作方式

多年来，面对不断下降的广告和订阅收入，"新闻生产人"所在机构的预算不断缩减。现实是，新闻机构如今正在一个供过于求的新闻市场展开竞争，这个市场要求新闻工作者用更少的资源创造更多的东西。

在这场快速变革中，"新闻生产人"收到了一封来自总编的电子邮件。邮件标题为"前进之道"。

新闻的新模式

> 各位同事：
>
> 　　在一段颠覆性变革时期，预见变革的最佳方式是投资于内部能力并推动新思维。
>
> 　　关键是让每个人都参与到实验过程中，而不是建立一个独立的创新部门。这个有机过程从编辑部的"变革推动者"开始。
>
> 　　因此，我们正在寻找五位同事参加一个培训项目，这个项目将聚焦于最佳做法的研究和试验。
>
> 　　参与者随后将负责把这些知识带回各自的部门，并建立一种鼓励新想法、鼓励解决问题的文化。
>
> 　　　　　　　　　　　　　　　　　　总编

总编说得没错。当"创新推动者"集中在一个部门时，问题就会出现：

- 与编辑部其他团队或者与产品和技术团队很少或没有进行开放式沟通。

- 过于注重试验，缺少真正的方向或与编辑部总体战略的配合。
- 与编辑部其他地方正在进行的重要对话隔绝。

这一切都会导致"创新"项目的影响有限。

在编辑部利用人工智能需要新的流程

整个行业的新闻生产人都在尝试和部署人工智能，力求缓解当前困境，但要想取得成功，变革必须是有机的。编辑部变革并非关乎技术，而是关乎文化。首先要营造一个鼓励新闻工作者尝试、失败、获得反馈和进行迭代的环境。人工智能加速了收集数据并将数据置于背景中进行考虑的过程，这对于整个新闻报道流程不可或缺。部署这些能力需要一种新的工作方式，这种新方式会：

- 强调实验，包括制定由数据驱动的决策，以开发新内容、打造新产品。
- 促进协作，让编辑和技术人员共同致力于发现新的机会并应对当前挑战。
- 放眼行业之外，寻找并实施能帮助团队更好地了解受众、新技术和时代转变的最佳做法。

这种新流程被称为"迭代新闻",我们将在本书第三章中详细探讨。

第二章

技术赋能：
推动新闻变化的人工智能技术

人工智能没有通用定义。在计算机科学家眼里，人工智能或许是能像人类一样思考的算法。对生物工程师来说，人工智能或许意味着在实验室里培育脑细胞。但是新闻工作者应该如何看待人工智能呢？

新闻机构看待人工智能的一种方式，是从人机互动和这种协作创造的新闻成果出发。

2.1 人机报道协作

"新闻生产人"被派去报道两名政客的辩论。为了寻找新的报道角度，帮助读者以不同方式理解这场辩论，"新闻生产人"与技术团队合作，利用一个开源情绪分析程序，分析这场辩论的录像。软件追踪并分析了两名政客主要的面部表情：一位谈及自己的税收议程时心情愉悦；另一位被问及有关最低工资的立场时感到惊讶。这个情绪分析软件也能跟踪记录辩论过程中引发愤怒、焦虑等情绪的观点和话题。

新闻编辑部其他同事对这种新方法很感兴趣，但也有怀疑。

"电脑怎么能知道人的情绪？"一名商业记者问道。

"一切都基于接受过微表情识别培训的人工智能算法，""新闻生产人"解释说，"计算机在一张面孔上识别出多个信息点，然后根据这些信息点，能够计算出某个面部表情与某种情绪相关的概率——例如，挑眉和惊讶情绪密切相关。"[1]

这类人工智能程序让记者得以确认多个数据来源的模式和趋势，远程分析所涉场景中的物体、面孔和文本，甚至能更好地理解消息人士的语气和情绪。在上述政治辩论案例中，人工智能程序可以另辟蹊径，分析除与竞选有关的广泛问题外，哪些问题能真正激起候选人的热情。

例如，《华尔街日报》利用情绪分析方法，量化人们对一项有关美国两极化调查的反应。[2]石英财经网站让一台计算机观看希拉里·克林顿和唐纳德·特朗普的电视辩

第二章 技术赋能：推动新闻变化的人工智能技术

论，然后通过两位候选人各自的面部表情识别他们的主要情绪。[3]虽然石英财经网站报道称，算法发现，希拉里比特朗普更高兴，但网站也指出，这种方法尚不成熟，因此容易出错。

商业记者相信"新闻生产人"给出的解释，决定运用同一算法分析某首席执行官宣布公司财务状况时的主要情绪。但算法并未发现这名首席执行官的情绪与她在财报电话会议上宣布的消息之间存在任何有意义的关联。事实上，有时首席执行官明显是高兴的，但计算机却显示她很难过。

这是因为，机器需要接受训练才能学习。

算法需要训练数据，在上述案例中，训练数据就是这名首席执行官数以百计（如果不是数以千计）不同表情的照片和视频。人工智能系统需要一系列图片，记者知道这些图片中的首席执行官是高兴还是悲伤。这是一种直觉建构过程，我们通常都在孩童时期经历过。机器依靠这些数据解读首席执行官的新照片或新视频画面，因为人类表达和校准面部动作的方式不同。在这个案例中，商业记者没有提供足够的训练数据，因而无法确定人工智能如何决策，导致结果不确定。

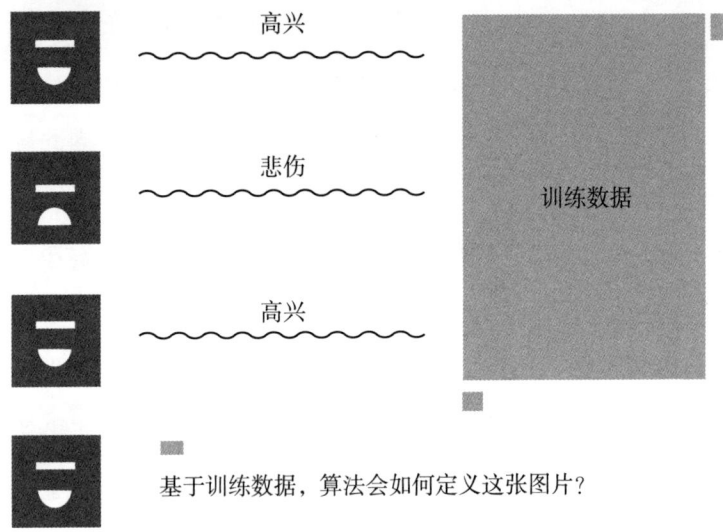

图2.1 构建机器学习模型,要给算法提供从中学习的训练数据。训练内容必须包含正确答案,在这个案例中,即为表现某人高兴还是悲伤的图片,系统随后学习如何找到能够成功定义新图片的模式

这类软件所能提供的先进洞察力并不意味着软件应该不受监管任意使用。除准确性外,另一个值得关注的问题是,或许有必要制定一套新的隐私标准,这恰恰是因为人工智能系统给了企业收集训练数据的动力。

在一篇重点介绍中国广泛应用人工智能监控的报道中,《华尔街日报》的记者在文章中设置了一个面部识别工具,让读者可以上传自己的摄像头信息,自动判断自己的情绪状态。[4]这项活动旨在展示人工智能技术的运行方

第二章　技术赋能：推动新闻变化的人工智能技术

式，也是为了凸显人工智能对隐私的影响。在提交照片或视频进行分析前，读者会收到如下警告："《华尔街日报》不会上传、存储或传播您在样片中的任何个人信息。您计算机中的视频图片和照片仅存在于您的计算机上。"

人工智能的核心是机器将复杂问题（这个面部表情代表什么）简化成更小、更容易解决、能够顺利输出的任务（首席执行官是高兴、悲伤还是惊讶）。

新闻编辑部成功与否，仍然取决于人类新闻工作者如何使用这些新工具，以及能否基于伦理、编辑和经济考量做出决定。但是，更直接、更具实践意义的是，人工智能在新闻报道领域具有变革性，因为人工智能会改变信息生产的成本结构。一旦合适的技术投入运转，大批量内容生产的成本几乎可以忽略不计。世界正从信息匮乏状态转向信息充裕状态。如果内容生产足够便捷廉价，将同时带来机遇与挑战。

该增强技术登场了。

从自动化到增强

人类与智能机器的第一波协作是新闻自动化，即人工智能系统直接利用数据生成新闻快讯和文字报道。

由于某些体育、金融和经济新闻的程式化性质，"新闻

新闻的新模式

生产人"有能力实现其中部分新闻报道的自动化。但是，人工智能工具仍然需要人类帮助，因此"新闻生产人"需要为新闻机器人编写一个特定的报道模板，让机器人在此基础上增添数据。体育新闻模板如下：

［某节］，［队名］拿下［形容词］［分数］，［球员］以［得分频率］［得分类型］领跑全场。

人工智能可以批量完成费时费力的重复性工作，帮助"新闻生产人"的同事专注于更复杂的定性报道。换言之，自动化的目标不是取代人类记者，而是把记者从劳动密集型工作中解放出来，这样他们就可以专注于完成更高层次的新闻工作。运用自动化技术报道棒球比赛常规赛，可以让体育记者转而采写更复杂的新闻，比如研究橄榄球比赛中脑震荡的长期影响，或者调查美国体操队的性侵丑闻。

接触自动化之后，"新闻生产人"可以实验的新一代技术进展是能够增强新闻报道的智能工具。这涉及人工智能交互界面，为新闻报道的话题提供背景资料，甚至可以通过改进电头和主题来优化新闻报道。

例如，这类增强软件能够为"新闻生产人"所写的报

第二章 技术赋能：推动新闻变化的人工智能技术

道推荐信源、地点和机构的事实和数据。系统可以搜索以往的新闻报道存档，快速找到所有被提到的相关人物（或事件）的事例，检索有助于充实报道背景的有价值信息。例如，在近期一则某建筑公司接受欺诈调查的报道中，人工智能列出了市政委员会曾判定的五份合同，总计价值数百万美元。另外，人工智能披露了一名律师的姓名，曾有两篇关于该建筑公司的报道提到过这名律师。系统揭示了人员、组织和数字等各实体之间的关系，给出了详细结果。

这些能力可以系统分析大量数据并指出数据之间的联系，帮助"新闻生产人"开展更多调查，而即使是最有经验的记者可能也难以察觉这些信息。计算机处理数字，记者就可以从数据中解放出来，专注于叙事。

国际调查记者同盟（International Consortium of Investigative Journalists）利用人工智能工具自动识别和索引文本文件。[5] 国际调查记者同盟的记者利用智能软件分析了1340万份有关海外投资的机密文件，最终形成一组颇有影响力的系列报道——"天堂文件：全球精英的秘密"。

人工智能和新闻结合，让记者有能力进行深度分析、揭露腐败、追责个人和机构——而且效率高于以往任何时候——从而可能有助于构建信息更加畅通的社会。最终，随着技术成本的下降，这些新工具会进入全球大多数新闻编辑部。记者越来越容易接触到人工智能，包括自由职业记者和小型新闻编辑部记者。新闻编辑部可以与初创企业合作，而不必投资开发定制解决方案。初创企业等新兴参与者正在快速开发使用方便的解决方案，最重要的是，能够解决工作流程中的真正痛点。但我们不应期待大规模应用不会遭遇任何复杂情况就可以顺利实现。

人工智能给新闻编辑部带来难题

随着智能机器进入新闻编辑部，记者们需要谨慎思考如何利用数据训练算法，智能机器又如何做出决策或得出结论。

复制人类的判断不是必然出现的技术结果。随着技术进步，人工智能新闻面临着发展"新闻直觉"的挑战。例如，语音分析尤其如此，因为人类在评估彼此话语中的价值判断时有一套非常复杂且适应性强的方式。

"新闻生产人"与消息人士交流，她运用自己天生的情绪判断能力，评估对方所用词语的相对价值。她知道，费尔维尤篮球队那位惯于夸大其词的教练说一场胜利"令人吃惊"和一个很少感到惊讶的人说"令人吃惊"时，词汇的相对价值是不同的。

随着人际关系的发展，人类大脑能够越来越熟练地理解彼此的说话模式。机器能否通过数据输入来培养新闻直觉仍然是个问题。

在美国,记者可以在任意公共空间拍摄人群。同样的隐私规定似乎也适用于探测人类情绪的摄像头,或者其他任何新的数据收集系统。但隐私规定和标准会根据技术进步做出调整。可以系统捕捉和记录的数据种类不同,图像和音频分析等技术进步一日千里,规则也可能随之改变。例如,根据欧盟《数据保护条例》,居民有权"不受自动化决策限制",也有权了解人工智能决策背后的逻辑。在许多情况下,如果数据主体提出要求,公司必须删除相关数据。

因此,随着人工智能工具在内容生产、处理和分发中的作用越来越突出,算法需要记者的密切监督。核实信源是否可靠非常重要,核实智能机器和用于训练机器的数据是否可靠也同样重要。出错往往不是因为技术故障,而是因为难以完善为人工智能创建框架的逻辑指令。人工智能是人类创造出来的,而人类会犯错。

现在,计算机不像那些简单工具。计算机需要接受培训。"新闻生产人"要充当教师,培养学生(人工智能)的能力。表现良好时给予鼓励,令人失望时加以劝阻。在某种程度上,通过强化学习等方法,机器也能自我管理训练，由计算机程序决定如何平衡学习新知识和运用已有知识。然而，即使在这种情况下，也需要人类程序员来监督和改进机器性能。

记者可以编写供未来项目参考的文件，借此简化评估算法可靠性的过程。

期待有组织的回击

尽管人工智能在传媒行业得到普遍应用，但大多数记者对人工智能实现的新闻增强产生的伦理影响仍知之甚少。这些技术的融合显然会大大改变各行各业以及人类与信息的关系，因此，推断人工智能带给新闻业的好处时必须小心谨慎。

在成功的媒体技术演进的过程中，技术应用总有一个生命周期。第一阶段是不确定性：一种新的媒体技术开始进入主流社群，人们会对是否采用这项技术犹豫不决。

新闻编辑部记录人工智能项目时需要涵盖的信息

- **概览**：使用什么人工智能系统？系统属性如何？
- **方法**：为何使用这种算法？如何获取数据？
- **过程**：采取哪些步骤确保编辑质量和结果准确？
- **极端案例**：数据和算法标记了哪些潜在错误？

第二章 技术赋能：推动新闻变化的人工智能技术

- **公开**：受众如何知晓人工智能的使用情况？
- **新闻编辑部的影响**：在报道吸引力、差异化、节约时间等方面，成功的标准是什么？

第一项媒体技术——在纸上写作——出现时，希腊哲学家苏格拉底提出，"文字是记忆的敌人"。

几个世纪后，印刷机出现，德国密码学家约翰内斯·特里梅乌斯担心这项新技术会让负责抄录宗教书籍的僧侣变得懒惰。

后来，人们以类似的方式抵制打字机，甚至今天计算机中的文字处理器。

近年来，人工智能技术也遭遇了上述案例中出现的类似担忧。哈佛大学知名法学教授乔纳森·齐特伦曾警告说，"过度依赖人工智能可能使我们背上智力债务"。[6]

随着新技术注入传媒业的血液，技术应用开启第二阶段。用户不再犹豫不决，而是开始意识到新技术的潜力。一项技术可能优势众多，但这并不意味着忽视一切初期批评性的观点而盲目采用这项技术就是好事。任何采用新技术的过程都应该尊重传统，同时拥抱创新。

向增强新闻过渡意味着智能机器帮助新闻编辑部更好更快地创造内容，这个过程可能遭遇技术应用的犹豫不决。新闻工作者需要足够了解机器，知道机器不会取代自己——但新闻工作者有理由也有必要对人工智能保留一丝怀疑。事实上，许多新闻编辑部工具的研发，都是利用谷歌、微软和亚马逊等大型公司已有的外部模型，新闻编辑部在使用前应该进行彻底评估。

例如，就职于新闻机构的数据科学家可能创造一款评论审核工具，使用谷歌开发的机器学习模型自动标记负面评论。在这种情况下，利用新闻机构网站上的数据训练人工智能十分重要——在这个案例中就是人工标记为"拒绝"或"接受"的评论审核历史记录。

智能系统必须接受审核。应该对智能系统的算法设计和功能进行评估，防止出现不可预见的缺陷。评估结果准确性、速度和跨新闻编辑部的规模化能力等属性至关重要。新闻机构需要在编辑部大规模应用人工智能之前就考虑这一点，不能在开始发展人工智能之后再考虑审核问题。人们可能会倾向于认为，必须先开发技术，再考虑监管或"训练"，但智能技术并非如此。

新闻机构需要思考的另一个重要问题与成本有关。如果新闻机构自行开发工具，编辑部就会增加数据处理和云计算的相关开支，如果缺少恰当监督，这些开支会迅速增加。

"新闻生产人"十分明智地与同事建立信任，她让同

第二章 技术赋能：推动新闻变化的人工智能技术

事们参与讨论，分享研究，不掩盖潜在的技术陷阱。

为人类干预人工智能创设框架、文件和程序，对人工智能在新闻领域的发展和技术进步至关重要。这些系统必须透明、可问责、可解释。例如，非营利人工智能研究机构"开放人工智能"（OpenAI）开发了一个自动新闻文章程序，仅根据几个关键词即可生成一篇完整文章。然而，评估程序的研究人员发现，如果使用者心术不正，程序很容易采写假新闻，因此决定不向公众发布程序。[7]人类对于

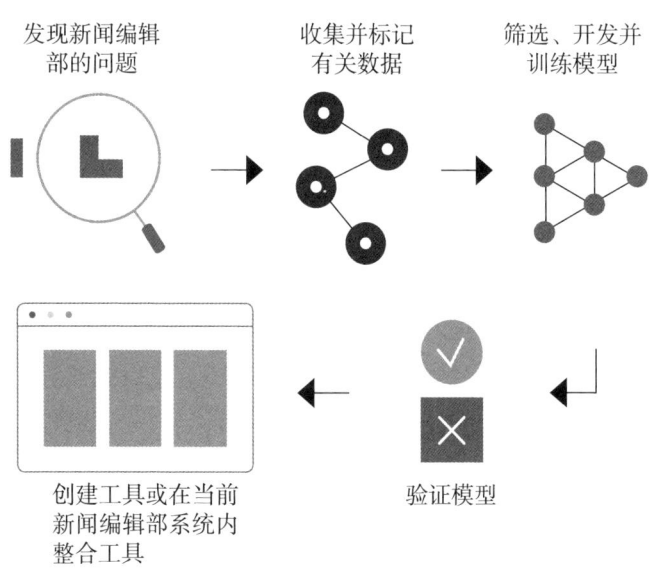

图2.2 人工智能的发展需要持续验证工具中使用的数据资源和算法

技术的利益和成本的考量，对构建健康的新闻生态至关重要。不应仅仅因为技术提供了新能力，就将其应用到新闻编辑部。

权衡技术利弊的是相关行业。与此同时，是否和如何应用人工智能的战略决策，不应影响新闻机构的正常运转。

2.2 人工智能与新闻编辑部策略

决定是否使用人工智能，应该考虑人工智能是否有助于拓展新闻编辑部的能力，增加报道数量、生产差异化新闻并简化工作流程。新闻工作者使用人工智能工具提升报道、研究、写作和编辑，即为"增强新闻"。

新闻编辑部应用人工智能的一些关键担忧包括机器偏差、生成不受约束的算法新闻的内在风险、改变工作流程的可能性、法律责任以及管理这一新兴专业领域所需各种技能的差距不断扩大。2015年7月，某自动化报道程序错误生成了一篇文章，称奈飞公司（Netflix）股价下跌71%，而当时奈飞公司股价实际上涨一倍多——出错的原因是算法对数据中"7-1"一词分析有误。[8]数据不足或有误，或数据表达出人意料，都可能导致自动报道程序产出虚假事实。如果基于机器的数据分析不受约束，也有可能造成报道偏差，与其他人工智能应用领域出现的偏差属同一类型。正如本书前文所探讨的，这些是新闻工作者必须评估的重要领域。

在不久的将来，新闻机构将手握一批可供使用的人工智能工具，新闻工作者也可以把智能机器融入日常工作。机器智能能够做到的，将远不止制作直截了当的自动化新闻报道。

新闻编辑部应该把人工智能看作可以解决问题或创造机会的工具。在广泛视角上，人工智能可以协助解决需要大量重复性工作或大量人力的问题。有了人工智能，新闻编辑部应该思考使用这些智能机器的原因、领域和方式。

原因：新闻机构利用人工智能系统化还是强化内部工作流程？人工智能可以大规模部署，降低生产（自动化）成本，并将资源向创造量身定制的独特内容（增强）倾斜。

- 如果完成某项任务需要大量重复性工作或大量人力，则专注自动化。如果无须实现差异化产出，这种做法切实可行。
- 如果可以借助机器来改进人工任务，则专注增强。面对需要大量计算能力的复杂任务，这是正确的选择。例如，一篇调查性报道需要分析海量的金融数据。

领域：目标是创造新内容，例如自动化报道，还是提高已经生产完成的新闻报道中某个过程的效率，例如给照片或文章添加标签？

- 如果新闻机构需要服务大量受众，或者有明确特定关注点的受众（通常是地方新闻），应当实现内容自动化。事实上，借助自动化，可以从略有不同的角度生产同一报道的不同版本（例如，包含本地化信息）。最后，可以运用自动化技术来生产其他情况下不会生产的内容。记住，过度内容自动化会削弱新闻编辑部新闻产出的整体价值。
- 如果可能，新闻编辑部可以而且应该实现全套流程自动化。将人工智能应用于某项活动（例如，在报道中添加元数据）可以大大减少人为失误，提高内容标记方式的整体一致性。当人类记者创造的不同产出反过来影响新闻编辑部的整体效率时，这种方法切实可行。

方式：新闻机构应该利用内部力量开发人工智能工具，还是应该与技术公司或大学合作完成？第三方工具越来越完善和便于使用，但可能需要额外的人员培训。

第二章　技术赋能：推动新闻变化的人工智能技术

- 如果有足够财力投资工具的开发和维护，如果正在开发的系统不能轻易进入市场，那么就选择内部开发。人工智能可以成为重要的竞争分水岭，但也需要大量资本配置。内部开发通常更适合有非常具体的需求和庞大预算的大型新闻编辑部。
- 如果不需要定制人工智能特色或能力，就与技术供应商（或大学）合作。对于预算较少的新闻编辑部、独立记者和自由职业记者来说，这种选择比较划算。

新闻编辑部应该独立开发还是合作发展人工智能工具？

2016年夏季奥运会期间，《华盛顿邮报》的自然语言生成工具"日光仪"（Heliograph）利用比赛结果、奖牌数量和赛事日程等结构化数据集（以表格形式收集的数据），自动生成每日新闻报道。9这些报道以文本形式推送至社交媒体，或利用亚马逊的"亚历克萨"语音系统（Alexa）实现语音更新。

但并非所有新闻机构都能开发自己的工具。美联社更愿意与科技公司"自动远见"（Automated Insights）合作，实现体育新闻报道自动化，英国的新闻联合社则与技术平台阿里亚公司（Arria）合作。

一般对小型新闻机构或独立记者来说，更明智的做法是在开始发展自己的人工智能工具之前，先多方测试合作伙伴提供的工具。

独立开发还是合作发展人工智能工具的评估标准

成本：

- 独立开发：开发新闻编辑部工具需要聘用一名拥有工程、数据科学和设计专长的技术人员。还会产生网络服务器和数据存储相关的额外费用。
- 合作开发：第三方初创企业通常按月收费，根据具体使用情况和账号数量，费用可能从几百美元到几千美元不等。使用外部技术是独立记者或自由职业记者在工作流程中使用人工智能最有效的方式。

稳定性：

- 独立开发：自行开发工具将需要对软件进行定期维护，并解决系统故障。
- 合作开发：第三方技术供应商将与其他数十家客户共同测试工具，并不断更新功能。

定制工具：

- 独立开发：自行创建工具可以让新闻编辑部根据记者

第二章 技术赋能：推动新闻变化的人工智能技术

和编辑部工作流程的特殊需要量身定制解决方案。
- 合作开发：合作伙伴提供的工具通常采用更笼统的解决方案，适用于各行各业的不同公司。

隐私：
- 独立开发：记者可能更愿意使用内部工具分析专有数据或机密文件，因为他们知道本机构以外的任何人都无法接触到这些数据。
- 合作开发：合作伙伴提供的工具安全性或许并不打折扣，但总是存在认知问题。

2.3 塑造新闻工作新模式的技术

人工智能涉及多个子领域，可以改善现代新闻编辑部的人工新闻报道。

机器学习（ML）将复杂想法简化为多个更容易完成的小任务，这些任务最终指向预设终点。机器学习主要有三种类型："监督学习""无监督学习"和"强化学习"。这些机器学习范式帮助记者从海量数据中得出结论。

利用监督学习寻找已知输入和已知输出之间的联系

多亏几条匿名提示，"新闻生产人"和同事怀疑某位州参议员的竞选资金募集存在违规行为。但是，他们无法从新闻编辑部调拨人手来调查竞选活动。这些提示的主观猜测性很强，但是如果属实，会指向影响巨大的新闻报道。

这时就该机器学习登场了。这支团队可以利用监督学习训练算法，分析以往存在非法融资活动或无视联邦捐款额度的竞选活动的数千份财务文件。系统学习这些文件的共同之处，例如被禁止直接向候选人捐款的公司或工会的名称，并确定文件中的特征与相关政治活动的关联。

在这个州参议员案例中，存在已知输入（募资文件）和已知（或者暂且称之为"疑似已知"）输出（文件中存在违规行为）。这支团队向系统输入属于可疑竞选活动的财务文件，并允许人工智能判断竞选活动是否存在接受非法募集资金的可能性。

机器学习主要依赖算法——算法是一系列动态规则，根据这些规则，就能找到理想的解决方案。根据历史数据，机器可以标记出新数据中的关注点。因此，输入竞选经费文件后，软件可能显示，如果一名候选人在不到一个月的时间里，收到七名以上匿名人士提供的超过200万美元的捐款，该候选人从事非法募资活动的可能性为80%。

这些事件相互关联，而不存在因果关系，但基于历史数据，80%的可能性足以表明需要对某一情况进行更深入的

第二章 技术赋能：推动新闻变化的人工智能技术

新闻调查。不过，目前还没有结论，只是初步观察。

《亚特兰大新闻报》利用机器学习披露了医生的性侵行为，2016年的系列报道曝光了医生如何在受到处罚后保住执照。[10]该报一名数据记者在美国50个州的监管机构网站上搜集医疗委员会（批准医生执业的机构）收到的投诉。随后，这名记者利用机器学习技术，根据关键词分析了十万份处罚文件，并得出案件与医生性侵不端行为有关的概率分数。随后，这些深入的数据分析被记者用来指导新闻调查，缩小应该关注的医院和继续跟踪的信源范围。

算法出错

构建机器学习算法异常困难，而且操作不当可能造成灾难性后果，不仅影响从事报道的记者，也会影响依靠这些算法决定新闻报道的内容和方式的媒体机构。

借用统计学术语，机器学习最常见的两种错误是Ⅰ型（假阴性）错误和Ⅱ型（假阳性）错误。

假阴性错误意味着"新闻生产人"使用的算法，将非法募资项目标记为合法。不用说，"新闻生产人"不希望看到这种情况。这个错误可能是多种因素造成的，比如用来训练算法的文档没有被人类记者正确标记。假阳性错误则意味着记者使用的算法将合法募资文件标记为非法。这也是她不希望看到的情况。

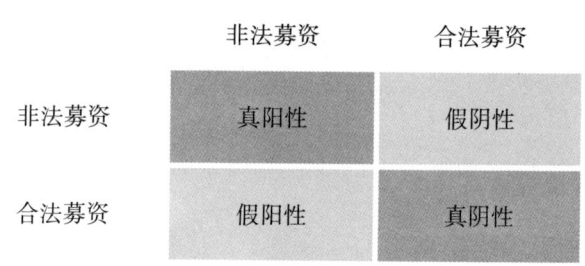

图2.3　机器学习最常见的两种错误是假阴性错误和假阳性错误

"新闻生产人"希望系统可以高度准确地将非法募资标记为非法，将合法竞选资金标记为不违法。

她的同事又问："怎么做到？"

"我们利用竞选筹款数据来训练我们的算法，"她回答，"算法由人类编写，人类会出错。因此，我们的人工智能机器很可能会出错，特别是在早期阶段。"

这里，"新闻生产人"提出了一个重要问题。当代记者有责任了解他们的系统在做什么，而且有责任相信系统发布的内容。理解人工智能的本质和人工智能传递的数据，可以让新闻编辑部洞察潜在的算法错误。事实上，这需要编辑决策。没有百分之百准确的系统，那么"新闻生产人"更倾向于接受假阳性错误还是假阴性错误？答案取决于具体新闻工作类型，应该具体情况具体评估。

第二章　技术赋能：推动新闻变化的人工智能技术

无监督学习：当"新闻生产人"不知道该寻找什么

"新闻生产人"正在寻找合适的素材，撰写一篇有趣的商业专题报道，分析费尔维尤一家新开张的大麻药房对附近零售的影响。一年多来，当地社区对这个问题争执不下。事实上，许多社区成员已经表示担心出售大麻产品会增加犯罪，对周边地区产生负面影响。

"新闻生产人"指示智能系统输入她收集的所有数据——新发营业执照数量、不同店铺的经营时间、被报道的偷窃事件等等，并发现可能的模式。

智能系统发现，药房方圆五公里内的餐厅销售额有所提升，雇用员工也更多，超过其他距离更远的餐厅；周日晚上（碰巧是药房关门时间）发生盗窃事件的可能性更大。

计算机没有特意寻找什么，但一些值得报道的内容仍然可能浮出水面。

与监督学习不同，无监督学习没有目标产出。系统通常可以比较数据点之间的相似度和偏差，自由地推导输入与输出之间的关系。其中一些方法需要新闻工作者与技术人员合作。对于可能不具备这种资源的小型新闻编辑部和自由职业记者来说，一种可能的解决方案是与有志于这个课题的科研人员合作。

机器学习是一种强大的工具,数据集超过一定规模后人类原本无法看到的东西,可以借助机器学习看到。

以体育数据为例。体育迷往往对晦涩的统计数字和数据相关性感兴趣。例如,无监督学习机器可以在赛季期间查看篮球统计数据,并在出现异常相关性时提醒记者。机器可以提醒记者(哪怕记者没有要求机器提供这些信息),过去一个月里,有四名球员上场时间减少,进攻效率却大幅提升。这可能构成报道的基础。

强化学习:优化发稿

机器学习的另一主要类型是"强化学习"。在强化学习中,机器通过探索环境完成自学——事实上,这种学习方式经常被用于训练无人驾驶车,也常见于计算机进行复杂棋盘游戏,比如象棋和围棋。新闻业利用强化学习打造互动专题报道,受众可以与程序互动,加深对人工智能的了解。例如,《纽约时报》在一篇关于游戏人工智能的文章中,附文刊登了一张动图,图中是接受强化学习训练的程序与用户比赛"石头剪刀布"。[11]

在报道方面,这些算法的部署还处于萌芽状态。不过,强化学习也可以用来优化新闻发稿,例如,帮助某篇报道选择最佳标题或导语。2016年,微软利用一种名为

第二章 技术赋能：推动新闻变化的人工智能技术

"语境强盗"的强化学习方式，为微软-全国广播公司挑选最佳新闻标题，点击率提高了25%。[12]这套系统成为一种更复杂成熟的A/B测试形式。系统评估背景信息（例如，读者访问网站的时间、所用设备以及所在区域）、采取行动（比如，展示什么标题）并观察决策结果（例如，用户是否点击该报道）。每个结果都与奖励挂钩，强化学习通过充分利用平均报酬发挥作用。

机器学习中的另一种新兴方法叫"深度学习"，重点关注训练机器学习更复杂的数据表示类型，比如图像或长文本，方法是提高程序的复杂程度，并最大限度减小"损失函数"，"损失函数"是衡量模型对某一结果的预测能力的指标。

深度学习可以是监督学习或无监督学习，也可以介于两者之间。深度学习被用于完成复杂的内容生成任务，比如利用人工智能为《彭博商业周刊》特刊绘制封面。[13]这些任务通常是利用人类大脑中的神经网络完成的，神经网络是由生物神经网络产生的先进计算系统。这类人工智能在新闻业还有其他潜在应用领域，尤其是在研究方面。"新闻生产人"正在利用这种人工智能分析复杂的法律文件，因为人工智能可以自动将法律术语转化为平实的语言，非法律专业人士也能够理解。神经网络模仿人类学习和处理信息的方式:机器"阅读"许多文件并试图识别特定模式。比如,机器意识到,每次提到"集体诉讼","诉讼"的概念都与"群体"(相对于特定个体)关联。

新闻自动化

当"新闻生产人"需要自动生成内容,她转而寻求能够理解和分析人类沟通方式的自然语言算法。她已经了解到,人工智能有两个重要领域与自然语言相关:自然语言生成和自然语言处理。

自然语言生成(NLG)可以实现重复任务的自动化,例如按照明确结构撰写新闻报道。"新闻生产人"最近获得了以下房地产数据集:

城镇	房地产销售额(今年)	房地产销售额(去年)
费尔维尤	1400	1500
斯普林菲尔德	1100	1000
富兰克林	800	800

图2.4 新闻编辑部使用的许多自然语言生成系统需要使用按照表格行列排列的结构化数据

第二章　技术赋能：推动新闻变化的人工智能技术

她可以利用这套数据集测试自然语言生成工具，撰写模板，利用上述表格中的结构化数据自动生成文本输出。她决定制作如下报道模板：

今年，［城镇］房地产销售额为［房地产销售额（今年）］，较上一年［房地产销售额（去年）］［有所下降／有所增加／持平］。

这个例子只是最基本的形态，括号中的词汇表示特定变量中的可互换数据点。其他许多费时费力的任务也可以实现自动化，比如收入报告、体育简讯和经济指标更新。

美联社利用这种方法自动生成部分金融报道，报道的公司数量，从人工报道时的300家增加到机器报道时的4400多家，增长近15倍。挪威通讯社使用同样的方法，可以做到在足球比赛结束30秒后生成报道。

编写分支：在变化中思考

写作模板的作用通常被称为"编写分支"，因为报道可以有多种变化。编写分支意味着让自然语言生成系统在特定条件下写出特定单词或句子，就像计算机编程中的"如果-那么-否则"逻辑。

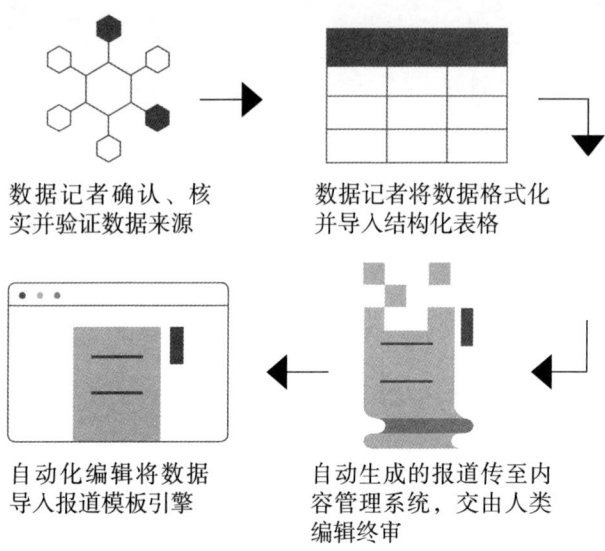

图2.5 人类记者在数据转文本自动化流程的每一步都发挥着至关重要的作用

在上述报道模板案例中,"新闻生产人"创设如下条件语句:

- **条件1**:如果［房地产销售额(今年)］＜［房地产销售额(去年)］,写［减少］。

- **条件2**:如果［房地产销售额(今年)］＞［房地产销售额(去年)］,写［增加］。

- **条件3**:如果［房地产销售额(今年)］＝［房地产销售额(去年)］,写［持平］。

第二章 技术赋能：推动新闻变化的人工智能技术

"新闻生产人"使用这种工具，将数据输入到匹配条件的模板中。点击运行，得到以下三条快讯：

条件1生成报道：

今年，费尔维尤房地产销售额为1400，较上一年1500有所减少。

条件2生成报道：

今年，斯普林菲尔德房地产销售额为1100，较上一年1000有所增加。

条件3生成报道：

今年，富兰克林房地产销售额为800，较上一年800持平。

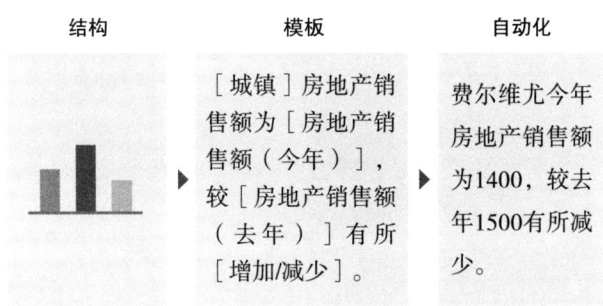

图2.6 数据文本生成流程需要记者撰写报道模板

虽然编写分支仍然是新闻行业自动生成文本的主要方式，但也有一些新兴的自然语言工具能够学习给定报道的结构，然后自动生成模板。在这种情况下，编辑不必从零开始创建模板，只需对输出进行质量审查。

利用结构化数据集自动生成新闻报道的程序，可以帮助记者生成上百篇报道。但是，如果使用同样的模板生成太多报道，就可能太过乏味。为了解决这个问题，新闻编辑部使用的许多自然语言生成系统，包括"自动远见"公司和阿里亚公司，让记者可以使用同义词替换，以便每篇报道的内容有所区别。

今年，费尔维尤房屋销售额为1400，较上一年1500有所下降。

或者说：

今年，斯普林菲尔德房地产销售额达1100，比前一年记录的1000有所增加。

案例研究：《世界报》的自动化选举报道

2015年，法国报纸《世界报》与人工智能公司西拉布公司（Syllabs）合作报道地方选举。[14]选举即将举行前的几周里，《世界报》将西拉布公司的新闻写作算法与法国

第二章 技术赋能：推动新闻变化的人工智能技术

国家统计和经济研究所以及内政部的公开数据集连接，预览了3.4万个城市的结果数据。[15]相关报道囊括地方经济增长率、失业状况和通货膨胀等数据。该项目也在选举前帮助机器人学习《世界报》的编辑风格。选举之夜投票开始时，这些机器人就各个城市的选举结果生成新闻文章。这为《世界报》的记者们节省出时间撰写深度文章，分析每场选举的重要意义。由于在线发稿增加，自动化报道大大刺激了《世界报》搜索引擎的优化流量，使《世界报》以近30万的独家线上访问用户数量击败竞争对手法国电视台。

自动化编辑加入新闻编辑部

测试过多款自动化工具后，"新闻生产人"意识到，目前有许多高质量的自然语言生成技术供应商，包括"自动远见"公司、叙述软件公司（Narrative Science）、阿里亚公司和优素福公司（Yseop）等。

多款自然语言生成软件都可以使记者创建模板并自动运行某些任务。除了定价，评估使用哪种服务时需要考虑的一个重要特征是能否轻松地与其他工具和数据来源兼容。例如，一些工具可以直接与"公告栏"（Tableau）和

Power BI等数据可视化服务兼容,如果自由职业记者想在自动化报道中添加图表,这项功能或许有用。

这种新的报道形式要求记者在句子和词汇层面,思考文章可能的变化。这依赖敏锐的逻辑和环境,与"新闻生产人"在新闻学院学到的倒金字塔写作方法(先写最重要的信息,然后是次重点)大不相同。

"新闻生产人"首先上传了一份结构化数据电子表格,其中包含100家上市公司的财务状况。自动化工具将各行各列的数据转换为变量,这些变量随后可以链接到模板中的特定字段。

然后,"新闻生产人"指示系统根据一系列标准生成特定句子。例如,在模板某一部分,只有当电子表格中公司收入单元格的数值大于开支单元格的数值时,她才会命令软件写出"公司盈利"。如果亏损高于营收,她就要求软件撰写"公司亏损"。

审核过一些报道后,她很快意识到,她没有告诉工具如果亏损等于营收,应该怎么写——这是报道公司财务状况时的第三种可能。"新闻生产人"明白,人类记者应该控制自动化过程。人类记者不但必须编写模板,考虑报道(分支)可能出现的变化,更重要的是,人类记者必须确认、核实和验证数据来源。

第二章　技术赋能：推动新闻变化的人工智能技术

应用自然语言生成技术时要牢记的原则

- 尝试创建模板前，先手动编写希望自动生成的报道示例。
- 如果可能，在不同的分支中使用结构类似的逻辑，降低流程难度和复杂度。
- 一旦核心模板准备就绪，添加同义词，以避免措辞重复。
- 查阅新闻编辑部写作风格指南，确保数字形式恰当（例如，使用文字"百分之"还是符号"%"）。
- 在流程初期确定可能影响数据集逻辑的边缘案例，而不是在后续阶段处理。

自动化报道需要通过与人工报道相同的编辑标准和流程。在自动化过程中，记者也要负责确保自动化内容与新闻编辑部写作风格指南保持一致，包括确定某些名称的拼写、标题、数字和符号与其他发表内容相同。

一条保证模板质量的通用规则是评估包含每种核心差别实例的报道子集。例如，有关数百个城市房地产销售的简单模板可以生成如下三种产出：

新闻的新模式

1. 关于销售额增加的报道
2. 关于销售额减少的报道
3. 关于市场停滞的报道（无增减）

通过评估每个案例的一篇报道，记者可以迅速掌握与每个结果相关的潜在问题，并通过修正模板快速解决这些问题。

一旦模板通过通读审核，重点就会转向评估数据质量。如果原始信息来源可靠，比如金融资料线路或政府机构，或者由新闻机构直接收集，那么出错的风险就会降低。然而，不是总能利用这样的数据，而且随着时间推移，某个特定消息来源也可能变得不那么可靠。与其他新闻工作一样，调查原始来源并定期检查产出情况至关重要。

事实上，记者应该时刻警惕可能出现的错误。例如，2017年，《洛杉矶时报》的机器人错发一条自动生成的最新消息，称加利福尼亚州海岸附近发生6.8级地震——实际上这是1925年发生的地震。[16]这种报道不准确与美国地质调查局的数据错误有关，这也是一个重要提醒，自动化系统需要人类监督，例如来自新闻编辑部自动化编辑的审核。

在某些情况下，自动化新闻可能无法为某一新闻事件提供足够的背景资料。例如，关于费尔维尤房屋销售数量的报道可能显示销售额大幅下滑，但没有解释当地监管机构提高了该地区房产税——完全如上所述利用机器生成的报道，无法给出这样一条重要见解。在这种情况下，自动化编辑有责任确保读者能够获取更多信息。在这个案例中，自动化编辑可以决定在报道中加入来自政府或其他第三方的数据，说明新税收措施产生的经济影响。

在某些情况下，通过自动化新闻生产发布的虚假信息可能会使新闻机构卷入诽谤诉讼。要使相关内容被定性为诽谤，原告必须证明存在"真实恶意"，而且创造人工智能就是为了制造虚假新闻。虽然正派的新闻编辑部永远不会刻意制造误导性新闻，但自动化编辑必须执行人力评估政策，降低这种风险。这些政策的目的之一是确保新闻编辑部拥有数据的权利，保证新闻机构可以合法通过各种渠道处理和分发数据。

新闻编辑部新兴角色

许多新闻编辑部应用自动化和人工智能程序需要大量人力。[17]随着人工智能进入新闻编辑部，创建和管理这些工具的任务也将改变新闻编辑部技能组合的构成。今后，我们将看到更多的新闻编辑部聘用了解如何与人工智能合作的记者、了解如何监管智能工具的编辑、能够设计新闻计算机程序的程序员以及能够评估用户阅读人工智能生成内容体验的设计师。从这个意义上讲，人工智能不是在取代新闻工作，而是为新闻工作增加以下角色：

- **自动化编辑**：负责利用人工智能简化编辑任务，确保人工智能的编辑可靠性。自动化编辑管理内容自动化流程的实施，与各个采编部门和工程团队合作，将自动化报道无缝集成到内部系统中。自动化编辑通常兼具新闻和计算机科学专业背景。
- **计算机记者**：负责利用数据科学方法运行复杂分析并开展调查。计算机记者积极寻找机会与可能不具备技术能力但在特定的报道领域具有专长的记者合作。
- **新闻编辑部工具管理员**：负责协调新工具的使用，并培训记者使用这些工具。新闻编辑部工具管理员帮助新闻编辑部把握报道趋势、技术和平台，并持续评估这些发展对新闻编辑部全体记者是否有用。
- **人工智能伦理编辑**：负责算法透明度和可解释性，以及培训数据的使用。人工智能伦理编辑也负责开发方法披露的最佳做法，以及快速处理与算法错误或偏差有关的任何问题的最佳做法。

第二章 技术赋能：推动新闻变化的人工智能技术

虽然有些新闻编辑部可能会雇用新员工承担以上工作，但其他新闻编辑部可能会决定将其中的关键工作任务融入现有岗位。例如，标准和伦理编辑可以开始研究与算法透明度有关的问题，而规划编辑可以负责推动新工具的应用。

案例研究：利用自然语言生成技术实现报道本地化

英国报业协会利用自然语言生成技术，大规模生产当地新闻，甚至组建了一家名为"雷达"（RADAR）的新公司，批量生产自动化新闻。自动生成的新闻文章包括根据国家统计局、国民保健署和其他开放数据库的数据总结出来的各种趋势。伦敦黑弗灵自治市一则地方报道的标题是"英格兰公共卫生局称，黑弗灵超四分之一小学毕业生肥胖"。英国报业协会记者为特定话题制作模板，利用自动化技术就同一新闻制作多个不同版本，各个版本都从不同的当地视角撰写。在某些情况下，英国报业协会将增加人类信源视角，为数据驱动型报道添加背景资料。

英格兰公共卫生局统计数据显示，2016年4月至2017年3月，23%的六年级学生存在肥胖问题，5.3%的学生严重肥胖。

此外还有16.1%的六年级学生超重。

这意味着黑弗灵市平均44%的低年级学生升入中学时已经处于不健康的肥胖状态。

尽管学校膳食越来越健康,但是过去五年间,10岁至11岁的六年级学生中,肥胖人数仍增长了25%。

数据来源于英格兰公共卫生局全国儿童评估项目。

该项目每年统计超过100万名年龄在4岁至5岁和10岁至11岁儿童的身高体重,评估儿童肥胖情况。

黑弗灵市政委员会2016年10月发布《预防肥胖战略(2016—2019年)》,该战略围绕三个关键领域展开:塑造环境,以促进健康膳食;支持致力于体育活动和健康膳食常态化的文化氛围;督促个人主要通过自助自立做出改变。

两年前,市政委员会也曾建立卫生与福祉委员会常设小组,专门处理肥胖问题。

在市政委员会战略文件的前言部分,委员温迪·普赖斯·汤普森坚持认为,所有人都在努力"控制住肥胖流行病"。

她说:"经济紧缩不是无所作为的理由——只会让行动更加令人信服。"

"投资新的专责服务不是解决之道。"

"而是人人必须每天尽一份力,为自己做出的决定负

第二章　技术赋能：推动新闻变化的人工智能技术

责，为自己提供的建议负责，为自己采取的行动负责，推进健康膳食，增加体育活动。"

防治肥胖症卫生联盟是40多个共同预防与肥胖相关的亚健康问题的组织联盟，负责人卡洛琳·塞尔尼称这些数字"令人震惊"。

她还表示："我们已经看到政府方面取得了一定进展，包括自今年4月起征收软饮料税。但还有很多工作要做。"[18]

这篇报道是一个例子，展示当地记者如何获取当地的自动化报道草稿，然后增加各方回应或当地背景资料，使报道更具地方特色。在这篇报道中，前六段由"雷达"系统自动生成。《拉姆福德记录报》（发表刊物）的记者补充了市政委员会的战略文件副本。最后两段根据对防治肥胖症卫生联盟的采访完成。

横跨大西洋，来到旧金山，当地新闻机构"邻里线"（Hoodline）用类似方法获取点评资讯应用Yelp等私营企业的数据以及市政府的开源数据，自动生产数千条有关餐厅开业和房地产目录的社区新闻。例如，"邻里线"某篇自动化报道的标题大概是"想吃日料？费城三家日料新店"。[19]

以下是对第一家餐厅的描述：

新闻的新模式

店如其名，惠美日式拉面寿司店是一家专营寿司和拉面的日料店。餐厅近期在唐人街开业。拉面菜单中有日式手作酱油猪肉汤拉面、猪肉或鸡肉味噌豆芽拉面以及香菇鸡蛋辣味鸡肉拉面。如果口味清淡，日料店也有多款寿司手卷，有龙虾沙拉、辣味金枪鱼、芒果和牛油果制成的"激情卷"，还有三文鱼、金枪鱼、黄金鲅鱼、黄瓜、牛油果和飞鱼籽制成的"海洋卷"。惠美日式拉面寿司店在Yelp口碑不错，目前35条点评，评分达4.5分。1月12日，用户乔伊斯·S在惠美日式拉面寿司店用餐，点评道："这是我最喜欢的拉面店之一。服务周到，就算是高峰时段也尽量照顾我们。拉面一点不咸。"南希·C点评道："10分钟就上菜了，菜量很大。面条火候正好，肉汤浓郁，咸淡正合适。两碗拉面都免费加了半个溏心蛋。"惠美日式拉面寿司店周五至周六营业时间为早11点至晚11点，周日至周四为早11点至晚10点。

以下是另一篇报道。注意本篇相似的行文结构和数据点，例如菜品描述和Yelp评论。

金枪鱼吧近期在老城开业。这家现代寿司店的日料带着一丝中餐和韩国料理的气息。餐厅老板是肯·塞和科特

第二章　技术赋能：推动新闻变化的人工智能技术

尼·科恩-塞，这对夫妇也是艺伎居酒屋的老板。食客可以先品尝前菜，包括白松露油金枪鱼刺身、芥末韩式辣酱生鱼片刺身以及甜辣酱和韩式辣酱奶油岩石虾。寿司则有辣味金枪鱼、芦笋和脆岩虾制成的"老城卷"；胡椒金枪鱼配萝卜和芥末蒜泥蛋黄酱寿司；还有多种生鱼片刺身。Yelp网站46条评论中有一条五星好评，金枪鱼吧反响不错。用户阿丽莎·S在1月20日评论称："吃过的最有创意的寿司。整顿饭从红酒到甜品，都非常棒。红酒不错，鸡尾酒看着很有意思。"本·E写道："五星！寿司特别棒。品质和味道都超好。而且店里装潢好看，装饰风格很酷，气氛很好。"金枪鱼吧周五至周六营业时间为晚5点至晚11点，周日至周四为晚5点至晚10点。

谁该署名？

如果模板由记者编写，但由自然语言生成系统组稿并最终产出，那么问题来了：这是谁的功劳——是人还是机器？

这个问题远未解决。对自动化新闻署名问题的研究发现，12家新闻网站的署名政策迥然不同。[20]

作为自然语言生成技术的早期应用者，美联社编辑认为，公众应该了解机器的幕后作用。在每一篇自动生成的

新闻报道底部,美联社都注明这篇报道是自动生成的。例如,自动生成的赢利报道中包括以下说明:

> 本文由"自动远见"公司(自然语言生成软件供应商)利用扎克斯投资研究公司(金融数据来源)的数据生成。

如果美联社记者在自动生成的报道中添加背景资料,相应的注释如下:

> 本文部分内容由"自动远见"公司利用扎克斯投资研究公司的数据生成。

《卫报》自动生成的报道标有以下免责声明:

> 本文由实验性自动新闻报道系统"记者伙伴"生成。

在以上两家新闻机构中,署名均归于机器人。

与此同时,报纸联合社和"雷达"系统的自动化编辑认为,无须明确机器的贡献,因为每篇报道都是由编写模

第二章 技术赋能：推动新闻变化的人工智能技术

板的人类记者发起和撰写的。

《华尔街日报》采取另一种处理模式，人类编辑和自动化程序都得到认可。例如，某项目使用自然语言为近千所大学制作说明，《华尔街日报》在方法框中附有如下说明：

> 文章由"自动远见"公司利用《华尔街日报》凯文·麦卡利斯特和弗朗西斯科·马可尼编写的模板和《华尔街日报》《泰晤士报高等教育》杂志的大学排名数据生成。
>
> 了解完整方法以及本年度《华尔街日报》《泰晤士报高等教育》杂志大学排名数据来源列表，请点击（完整方法页面链接）。

在《华尔街日报》的案例中，我们决定不仅说明新闻撰写方式，还要解释数据收集过程背后的方法。

随着新闻自动化成为普遍实践，新闻编辑部可能认为不必再这样公开信息。但与其他任何以数据为核心的内容一样，以一种受众完全理解的方式解释这种方法非常重要。一个类似的例子是投票报道，这类报道通常包括关于误差幅度、人口规模和其他统计陷阱的注释。

但是，相比于人类记者撰写的报道，读者如何看待自动化新闻呢？德国研究人员马里奥·海姆和安德烈亚斯·格雷费开展的一项研究表明，虽然受试者认为人类撰写的新闻易于阅读，但他们更喜欢自动化新闻，因为可信度更高。[21]

自然语言处理：理解文字的复杂性

最近，"新闻生产人"访问了一个翔实的电影数据库，其中数十万份文件包含了演员姓名、履历、参演影片和节目、工资、收入等信息。

编辑问她，有没有办法快速筛选信息，寻找演员背景与票房收入之间的关系。

这种情况下，自然语言处理（NLP）可以派上用场。自然语言处理是人工智能的一个子领域，最初开发于20世纪50年代，能够识别句子结构，理解文本语义，并识别文档中的人物、地点、机构和概念。利用自然语言处理技术，"新闻生产人"很快发现了一种趋势。出生于东海岸（地点）的美国演员（人物）主演的影片票房（数字），比出生在其他地方的演员主演的电影票房平均高出18%。

在这个案例中，自然语言处理技术加快了实体相关性分析、洞察力整合甚至事实核实的过程。随着新闻机

第二章 技术赋能：推动新闻变化的人工智能技术

构尝试大规模合成信息，自然语言处理技术的用处越来越大。

- 网络媒体沃克斯网站进行了这类文本分析，以便比较前总统奥巴马的八篇国情咨文演讲。[22]通过量化"经济""就业"和"战争"等词汇的出现频率，分析确定了每年演讲最常见的主题。《全国邮报》《纽约时报》和538网站也利用自然语言处理技术分析过国情咨文演讲。[23]

- 《华尔街日报》分析了通用电气公司年报中的股东来信部分，旨在了解通用电气现任和前任两名首席执行官使用的语言。[24]记者由此得以确定（并量化）领导这家工业集团的历任高管喜欢的口号。例如，2017年，杰弗里·伊梅尔特曾七次提到"加法制造"（3D打印），但在他卸任后两年里，继任总裁只提过四次——这可能意味着企业战略重点有所转变。

- 另一家商业新闻机构石英财经网站用类似方法评估了共享汽车公司利夫特公司（Lyft）的首次公开募股申请。[25]在这两个案例中，研究重新出现的术语让记者洞悉企业关心的问题。

- 《新闻日报》调查警察不端行为的过程中，曾使用自然语言处理技术识别大批量文件中隐藏的趋势。[26]记者利用文本挖掘工具查阅了纽约州通过的1700项法案,以便了解立法机构通过警察监督法的频率。

- 在美联社的报道中,数据记者乔纳森·斯特雷利用文本分析工具梳理了4500份与伊拉克私人安全合同有关的解密文件。最终报道成果披露了美国雇用这些私人承包商的原因和时间。[27]

自然语言处理也可以用来提高工作流效率。例如,赫斯特报系每天在《旧金山纪事报》和《奥尔巴尼联合时报》等30多个地方刊物上发表数千篇文章,赫斯特报系利用自然语言处理技术在输出中自动添加元数据,节省了以往编辑手动添加耗费的时间。

最后,自然语言处理技术正帮助新闻编辑部实现自动汇总。例如,彭博新闻社在客户端上推出了《新闻简报》栏目,推送机器生成的新闻综述,给读者一种"快速了解当下最新消息的满足感,提供超越头条新闻的全面新闻综述"。[28]

自然语言处理技术也被试用于文本个性化和语言翻译,但自然语言处理技术并非灵丹妙药。文本个性化可以复刻特定语气、写作风格,甚至政治立场,营销机构越来越多地使用文本个性化生成与特定个体或群体产生共鸣的内容,但新闻工作者应用这种方式之前,应该仔细斟酌。文本个性化对新闻的影响引发了重要的伦理议题,因为过度个性化将不可避免地制造信息泡沫,并助长观点的两极分化。

使用自然语言处理技术进行语言翻译也存在问题,这是"新闻生产人"亲身体验后的发现。她曾尝试将一则英文报道自动翻译成西班牙文,但西班牙文版的编辑却不满意翻译质量。翻译系统在解释文化习语和理解记者所属新闻机构偏爱的写作风格方面遇到了困难。这是因为"新闻生产人"使用的是通用翻译服务,翻译系统没有就她上传的内容接受过训练。优化人工智能模型的关键在于提供正确的数据集:所用案例越具体越好。事实上,"新闻生产人"可以输入大量英语和西班牙语新闻报道作为训练数据,用其中的习语提高系统的翻译能力。然后,她需要手动告诉自然语言处理,应该或不应该对更复杂的句子做什么。

案例研究:理解新闻媒体对语言的使用

2017年10月,拉斯维加斯发生大规模枪击事件,造成58人死亡,851人受伤。枪击事件发生后,根据种族和民族特征描述枪手的媒体偏见引爆争论。石英财经网站与哥伦比亚大学一名数据科学家合作,利用自然语言处理算法分析了拉斯维加斯的消息传开后两天内主要有线电视新闻机构对这次大规模枪击事件141个小时的报道。[29]这款软件也调查了文字稿,分析了描述具体事件时所使用的语言是否与犯罪者的种族存在关联。发现之一是,某些术语与某些罪犯的联系更加密切,这取决于罪犯的种族或民族——例如,在认定枪手非白人的事件中,"激进"一词使用得更频繁。此外,分析了所有27起大规模枪击事件后,人工智能发现,如果嫌疑人被认定为白人,新闻报道更有可能提到枪手的家人。

语音:通过声音获取信息

人工智能既有助于新闻采编,也有助于在新平台上更有效地推送系列新闻。后者的一个案例就是语音系统:语音系统能理解口语表达,将内容分发到新平台,还有助于完成文字转写这样的耗时工作。

在互联网的"鼠标点击"时期,桌面网站蓬勃发展,但如今,互联网进入了"触屏"阶段,主导力量是依靠触觉互动的移动设备和客户端。语音指令正通过"物联网"以及各类联网设备和体验,引领我们进入第三阶段。这些语音指令有可能连接碎片化的请求体验,使受众自由选择内容,而且在智能家电、语音助手和联网汽车等各个平台

第二章 技术赋能：推动新闻变化的人工智能技术

上消费内容。路透社新闻研究所的一项调查显示，78%的受访者（包括40名总编辑、30名首席执行官或主编，以及30名主要传统媒体机构的数字主管）认为，"未来几年里，语音将改变受众接触媒体的方式"。[30]

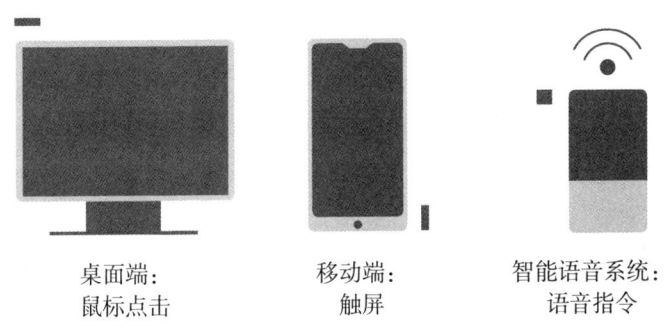

桌面端：　　　　移动端：　　　　智能语音系统：
鼠标点击　　　　触屏　　　　　　语音指令

图2.7　人们使用的设备影响信息消费和内容发表的方式

这些设备依赖人工智能语音技术。亚马逊的"亚历克萨"语音系统或"谷歌家庭"智能音箱（Google Home）等智能语音系统可以处理用户的声音，并将录音转换成一系列指令。如果系统需要理解诸如"最近的头条新闻是什么？"或者"这场篮球比赛比分多少？"之类的问题，就需要自然语言，而自然语言是由定义和词语之间的关系共同驱动的。

要回应指令，智能设备需要分析问题中的词汇；从特定数据中集中检索正确的答案，如新闻存档或动态资讯

（比如天气预报或体育比分）；最后，利用文字转语音技术回答用户。

媒体出版商正在利用这项技术提供不同类型的音频内容，包括美国有线电视新闻网（CNN）的即时简报（最新消息的快速更新）、《华盛顿邮报》的时事新闻问答以及赫斯特报业的食谱和生活方式建议。研究公司语音机器人（Voicebot）2019年的一项研究显示，13.4%的用户每天使用智能助手收听新闻或体育赛事。[31]

除智能语音系统外，彭博新闻社等新闻机构还在每篇线上新闻中嵌入音频播放器，提供每篇报道的自动音频版本。如果用户想用计算机或手机听新闻，新闻机构就能利用这种方式吸引这些用户。

尽管语音技术领域取得了进展，但一个重要问题依然存在：如果人工智能系统能够从多个新闻来源中自动提取事实，并将提取内容整合成一种全新形式，生成语音新闻，那么这条新闻的版权归谁？

科技巨头可能会在网上收集新闻文章，建立自己的单一主题新闻数据库。例如，这些平台可以摘录并归类政客的标志性议题和政策立场，并按要求提供信息，而不给信息作者任何补偿。在人工智能互联网时代，新闻机构可能会再次对合理使用和盗用内容感到担忧。

第二章 技术赋能：推动新闻变化的人工智能技术

文字转语音：优化口头新闻

新闻机构为搜索引擎和社交网络优化内容，同样也需要制定策略，规划内容在智能设备上的呈现方式。

有三种具体做法可以帮助新闻编辑部实现优化：数据结构化、通过新闻分类法为机器提供背景信息，以及改进发音指南和写作风格。这些做法尤其适用于负责确定内容分发战略的编辑。

1. **结构化数据**：开发结构化新闻资讯平台或内部知识数据库，展示报道提及的实体（人物、地点、日期、机构）之间的关系，这意味着建立一个将所有报道领域分门别类的数据库。可以通过实体提取任务实现，也就是将文本压缩为预先定义的类别，例如主题事项或写作风格，也可以通过主题建模建立数据库，这是一种文本分析方法，有助于揭示文本探讨的话题。两种过程都可以将散乱的新闻文章归档成有组织的系统，更容易被语音设备使用。

2. **新闻分类法**：新闻分类法是对一篇文章或某条新闻进行分类的方式。简单来讲，新闻分类法需要给内容贴标签。这些标签可能与新闻类型（政治、体育)、相关人物或机构(法国总统、联合国)或主题(财政政策、足球世界杯)有关。但是,除了这些核心标签类型,分类学也在不断发展,揭示新闻的具体消费环境。例如,简短的新闻综述可能是清晨的理想选择,而长篇报道或许更适合夜晚。这种情境分类之所以重要,是因为智能音箱、联网汽车或智能电器等智能设备可以借此将信息与特定用例匹配。当用户寻找特定新闻时,这一流程有助于新闻机构的内容更容易被用户发现和检索。

当新闻机构向智能机器分发内容时,智能设备的表达方式依赖于分类语言——分类法。单词被划分成类,比如这个词汇是指人物、地点还是日期,然后触发输出。在语音分发新闻中,这种输出(一篇报道或其他新闻内容)随后由机器解读,再抵达最终受众。

3. **发音指南和写作风格**:新设备依靠文字转语音技术来阅读新闻。在某些情况下,这些系统需要额外帮助才能学习如何执行非常见人名和地名的发音提示和指导。当新闻报道中包含外国人名或机构名时,这一点尤其重要。

在这些设备上,某些名称的发音如此困难是因

第二章 技术赋能：推动新闻变化的人工智能技术

为用户初始设置时选择的默认语言或方言（比如美式英语与英式英语）。语音设备上的语言和语音是通过有限的拼读和韵律程序编程设计的，如果名称不符合所选语言的参数，设备就难以理解应该如何发音。

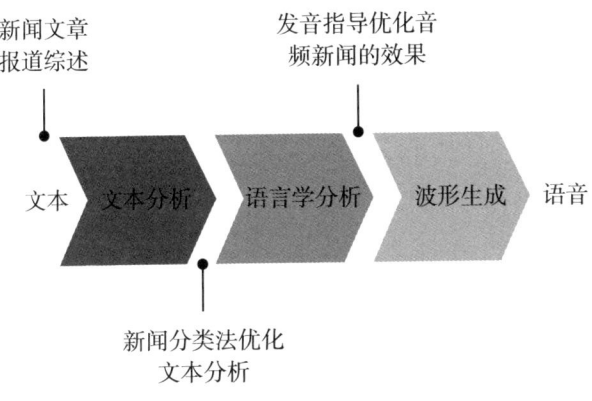

图2.8 将文字文章转化成音频快讯的流程，可以通过新闻分类法和语音指导优化

语音转文字：加快转写和翻译

语音转文字系统可以用来帮助记者和多媒体内容创作者自动完成耗时的常规任务，比如转写和添加字幕。如今，记者可以使用人工智能自动获取文字转写，而不必枯坐几个小时，手动转写视频或音频中的采访内容。

过去,"新闻生产人"必须把智能手机上记录的文件传到电脑,然后播放、快进、暂停、回放等等,才能找到某句引语;新的应用程序可以让她通过触摸按钮来重点标注段落内容,从而大大简化后期转写文本审核、引语选择和语音分析等常规制作任务。

英国广播公司(BBC)开发了一款名为"中音"(ALTO)的工具,利用文字转语音技术,为多语种视频内容匹配画外音音轨。[32]这款软件将视频内容处理成经过编辑审核的文字转写。记者随后利用语音技术自动生成另一种语言的合成声音。美国广播公司(ABC)新闻部、《纽约时报》以及美国娱乐和体育电视台(ESPN)等其他媒体机构使用人工智能软件Trint,这款软件使用的技术与"中音"相似,都可以将采访录音文件实时转化为文字记录。

当"新闻生产人"参加市政社区委员会会议时,这项技术大大降低了报道流程的工作强度。这是一场三小时的会议——通常是转写的噩梦。但是,语音转文字软件很快就能完成整场会议的转写,而"新闻生产人"只要点击几下,按住拖动,就能重点标注出会议的相关部分。现在,"新闻生产人"回到家里,不必再听三小时的录音,更不用说转写了。

第二章　技术赋能：推动新闻变化的人工智能技术

信息采集：看到肉眼看不到的东西

计算机影像和图像识别人工智能让我们可以记录下肉眼看不到的东西。在新闻编辑部，这类工具可以加快图片和视频的制作和编辑。同时，完整报道的出现，可能是因为从难以看到或信息量太大难以记录的影像线索中记录了数据。

"新闻生产人"正在利用计算机影像追踪装载放射性物质的列车，方法是识别列车车厢上的危险物质标志。如果国家运输委员会要求装载危险物质的列车不得在上课期间通过某些城镇，那么计算机影像算法可以查看装载危险物质的列车特征，并自动存储这些数据几天、几周或几个月，以此判断实际情况如何。

在另一个项目中，"新闻生产人"对她所在城市的涂鸦绘制感兴趣，想记录各社区的涂鸦图案、颜色和出现有何差异。她利用计算机影像技术分析谷歌地图多年的街景图像记录，这样一来，她不仅能够分辨城市哪些区域的涂鸦最多，也能分析出中产阶级化、城市化或产业转移带来的变化；然后她将调查发现呈现在一篇线上新闻互动体验中。

图像识别也让"新闻生产人"可以实时自动标记图片和视频。对于美联社和奥多比系统软件公司（Adobe）这样拥有大量照片档案的机构,人工智能可以生成粒状元数据,改进图片搜索。另一个例子是《纽约时报》与谷歌合作,利用计算机影像技术帮助数字化并编制500万张照片的历史档案。[33]

与对待其他类型的人工智能一样,记者必须关注这些系统是如何设计的,也要关注用来训练系统的数据。麻省理工学院和斯坦福大学的专家开展的一项研究发现,人工智能对不同肤色和性别的人脸图片进行分析显示,系统错误标注了34%的深色皮肤女性的照片,而错误标注浅色皮肤男性照片的比例仅为0.8%。[34]作为对这类研究成果的回应,国际商用机器公司(IBM)发布了一个拥有100万张图片的数据库,以便更好地分析多元化背景的人脸。

这些系统将不可避免地反映出训练中的偏见,以及开发系统时使用的原型。由记者做出最终决定并定期监督结果,有助于确保软件中的任何潜在问题不会被转移到任何发表出来的新闻报道中。记者应该从以下问题开始评估模型:哪里可能出错?在人脸照片分类的案例中,这意味着使用性别、肤色、头发长度、眼镜和身体洞眼及其他特征不同的人脸照片来运行不同的测试。

如果部署得当,人工智能有可能改变新闻编辑部的运转方式。人工智能使记者以更聪明、更快捷的方式工作,

第二章 技术赋能：推动新闻变化的人工智能技术

特别是加快后期制作过程。

后期制作通常是视频制作最耗时的部分。制作一个几分钟的视频可能需要几个小时，甚至几天或者几周。

图像识别技术使视频编辑能够在原始视频中定位场景和时刻——过去这通常需要手动标记，如果是多人操作，往往会出现不一致的情况。在12小时的录像中找到具体镜头绝非易事。即使编辑组织极其严密，而且给所有相关镜头都打上了标记，他们还是要将这条长达12个小时的视频完整地播放几遍才能完成所有标记。如果记者和编辑能够避免不必要的搜索过程，他们就可以生产更多新闻。

在康卡斯特-全国广播公司环球实验室（Comcast NBCUniversal LIFT Labs），人工智能专家利用职业编辑的专业知识，改进了能够简化视频制作流程的计算机影像算法。无独有偶，哥伦比亚广播公司互动（CBS Interactive）使用视频识别技术将元数据自动添加到视频中，并改进内容推荐。

而在"新闻生产人"所在的新闻编辑部，她用一种复杂的图像识别功能从当地政治集会的一系列镜头中，寻找抗议者出现的画面。图像识别软件能够推断出这个人是"抗议者"，而不是普通参与者。在这个案例中，机器学习与合适的培训数据的重要性再次凸显，因为正是它们让软件能够识别标志上的特定语言，识别多少人在对某个人甚至某些面部特征做出反应。

人工智能综合性能评估清单

- **准确性**：系统是否持续输出可靠结果？如果出现错误，应记录错误，并确定纠错计划。
- **速度**：人工智能接受训练后，能否快速完成任务而不受干扰？利用智能算法的目标在于加快流程，但软件有时可能运行缓慢或难以使用，因而影响新闻编辑部工作效率的提高。
- **规模化**：解决方案是否易于推广到其他部门或其他新闻编辑部？如果某种人工智能只能解决少部分人观察到的非常具体的小众问题，新闻编辑部应避免投资这类人工智能。
- **整合**：能否将该工具部署到现有的其他新闻编辑部系统？随着记者可用的工具增加，应该简化使用这些工具所需的步骤。这包括将多个解决方案整合到一套内容管理系统或新闻编辑部使用的另一套中心化系统。
- **价格表现**：处理数据的费用是否可控？人工智能获取了海量数据，这可能成本高昂。新闻工作者可以与技术专家合作，了解管理云计算成本的最佳方式。

这并不是所有图像识别都能做到的。除了为视觉资产创设复杂标记外，图像识别还可以调动这些标记，将标记与文字报道联系起来。这就是自动化的文字转视觉平台的用武之地。

自动化文字转视觉平台检测到文字报道的主题，找到相关的视频和图片来添加多媒体元素。可能记者写一篇文章，上传到某平台，几秒钟后就会有一条完全相关的视频片段搭配原文出现。

这样的软件已经存在，但图像识别能力的提升使这种输出的模板痕迹不那么明显，图像更完善、视觉匹配更准确、视频转换更成熟。现在，法国《费加罗报》《拉斯维加斯评论报》和《今日美国报》等新闻机构利用视频自动化工具，大规模创建内容，简化制作流程。新闻编辑部使用这一技术，帮助《拉斯维加斯评论报》平均每月制作400多条视频，同比增加了372%。[35]在吸引观众方面的一个积极成果是，推特上的视频浏览量增加了220%。Wibbitz等在线工具可以识别图片和视频中的视觉元素，并自动匹配此前通过自然语言处理技术生成的文字脚本。

尽管自动化视频易于创建，但记者应该意识到，视觉效果过载可能使受众不堪重负。两段文字或者一张图表的报道效果可能更好。此外，创建自动化视频搭配一条内容更详尽的文字报道，第三方平台可能抛弃文字报道，只转载视频，导致受众无法获取完整的上下文。

机器人技术：人工智能实现的硬件

更复杂的人工智能需要更复杂的数据输入，反过来又需要更复杂的硬件用于测量。摄像头、红外技术、无人机和传感器不过是小试牛刀，让记者能够收集利用其他方式无法获得的数据。

早在新闻编辑部的头脑风暴会上，"新闻生产人"就建议使用红外线摄像头，捕捉政治集会上观众听到演讲的不同部分时的兴奋程度。为什么？人起鸡皮疙瘩的时候，体温也会升高。如果一群人的体温在不到两秒的时间里集体上升，可能意味着他们对演讲者刚才的发言情绪反应强烈。

使用新设备测量人类无法理解的东西并不像看上去那么黑科技。美联社已经在使用动作捕捉套装、脑电图传感器和心率监测器等设备来测量新闻消费者如何参与虚拟现实新闻。受试者在不同设备上消费不同类型的新闻内容时，上述三种技术都能捕捉到参与者的注意力水平和放松程度。通过与数据科学家的合作，美联社从数据中获取了编辑洞见，帮助记者了解应该如何应对内容创造。2017年

第二章 技术赋能：推动新闻变化的人工智能技术

的相关研究《动态报道的时代》的数据显示，使用虚拟现实技术的战地报道能"激励"受试者，且相关体验对受试者的影响比阅读传统形式的类似报道产生的影响更持久。另一方面，科学和环境报道构建起开放的思想，与更高水平的放松有关。[36]

除了衡量受众参与度和通知内容策略外，人工智能机器人技术还可以协助调查报道。在2016年获普利策奖的东南亚渔业虐待行为调查中，美联社与商业卫星公司数字地球公司（DigitalGlobe）开展了合作。由深度学习和物体探测算法驱动的在轨设备，能够跟踪搭载奴隶的船只。[37]新闻和技术的共同努力最终帮助两千多名被关押和强迫劳动的人重获自由。

人工智能硬件也催生新的新闻采编方法。威斯康星州麦迪逊的地方报纸《首府时报》利用科尔蒂索公司开发的一款录音设备，收集小型小组会议的谈话内容。这一"数字壁炉"可以自动播放其他小组的会议纪要，方便记者采访，进而帮助他们接触到新想法。该设备连接到一个在线平台，平台可以识别反复出现的主题，帮助记者从当地社区寻找独特的视角。收集来的特定音频片段随后用于地方新闻报道，例如"本地声音网络：社区成员需要更多更好的公共交通"。[38]

在新闻行业其他领域，机器人技术正在实现图片和视频捕捉过程的自动化。华特迪士尼公司正利用机器学习摄像机改进篮球和足球电视报道。这些自动化设备正在向人类摄影师学习如何追踪运动员的动作，如何更平稳地切换画面。[39]迪士尼公司称，此举旨在帮助人类更好地认识他们正在捕捉的体育项目，并减少报道某场比赛所需的摄像机数量。

人工智能的阴暗面：合成媒体与下一代虚假消息

2019年1月，西雅图一家电视台播出了一段视频，视频内容似乎是特朗普总统在椭圆形办公室发表讲话时对观众伸出舌头。后来发现这段视频是伪造的，是在人工智能的帮助下把真实画面和虚假画面剪辑拼接在一起。发布这段视频的雇员随后被解雇。[40]

深度伪造视频是人工智能内容生成领域的新兴陷阱，指的是在人工智能的帮助下生成或修改图片或音频文件，以欺骗观众，让观众认为这些内容是真实的。上述案例显示出新技术的危险之处，即可能被用于信息战——而且已经被用于达成邪恶目的。

近年来，开源代码和工具使用户越来越容易获取这类技术，深度伪造产品越来越引人注意。例如，开放源代码

第二章　技术赋能：推动新闻变化的人工智能技术

存储库"深脸"技术实验室（DeepFacelab）让用户可以随意为视频中的发言人换脸。[41]

下一代虚假信息的前景不容乐观。例如，虚假视频可能会让政客发言看似自相矛盾，或者错把他人牵连进犯罪活动。可能会有人利用图像生成工具制作图片，显示人们参加了他们实际并没有参加的集会，或者篡改档案图像以支持对历史的错误叙述。虚假音频可能会让公众人物"说出"他们自己都不相信的事情，包括参议员马克·沃纳和马尔科·鲁比奥在内的多名议员已经对这些情况做出了警告。

深度造假也对新闻信任和新闻真实构成威胁。现在，记者绝对不能只采用传统的事实核查流程，必须警惕视频或图像证据可能是伪造的。如果新闻编辑部发布未经证实的视频，结果发现视频是伪造的，或者依赖伪造信息作为新闻报道的消息来源，那么就可能玷污新闻编辑部的声誉，而且导致公民对媒体机构失去信心。记者面临的另一种危险是，记者个人可能会遭到深度伪造的攻击——伪造记者有失体面的场面或修改有关记者的视频片段，目的是抹黑和恐吓新闻媒体。

由于存在这些威胁，了解这种新的媒体伪造形式非常重要。为了应对这一威胁，《华尔街日报》不同部门的记者接受了培训，学习使用新工具检测深度造假。《华尔街日报》正在组织这些记者组建取证委员会。[42]

人工智能和算法责任的报道

虽然利用人工智能从事新闻报道是这类技术的一种主要用途，但未来同样重要的是，记者认识并报道人工智能本身及其影响。随着日常生活和社会的更多方面由人工智能塑造——企业利用人工智能决定产品价格，政府利用人工智能确定犯罪风险，医生利用人工智能定制治疗方案——读者自然会求助媒体来弄清这些新技术的影响。

皮尤研究中心发现，美国人担心由计算机决定人类生活的重要事项会影响公平性和有效性：大体上看，58%的受访者认为计算机程序总会在一定程度上反映出人类的偏见。

正如数学家、作家凯茜·奥尼尔所写："算法是嵌入代码的观点。"[43]人们越发认识到，人工智能软件容易出现与人类相同的错误和偏见，甚至可能加剧不公正，因为人工智能通常被大规模应用但缺乏监督。"面向公众"网站（ProPublica）曾对机器生成的犯罪风险评分进行调查，记者发现该软件对黑人被告存在偏见。[44]对于一个算法驱动型社会而言，要想保持软件的可信度，对这一特性的报道会变得越来越有必要。

第二章 技术赋能：推动新闻变化的人工智能技术

算法责任报道面临的一项挑战是在为外行读者讲述复杂软件时，弥合技术知识的差距。向广大读者解释算法可能很难，因为理解算法需要相关技术知识，而算法又是新事物而且变化迅速，加之私营企业也往往对其运行细节保密。算法计算的复杂性可能使我们很难确定某一算法如何达到一定效果。如果政府使用算法做出可能产生广泛后果的决策，比如评估航空母舰或桥梁安全性，就格外令人担忧。

评估视频是否为人工智能伪造需要注意什么

- 主要人物嘴或脸周围闪烁和模糊
- 非自然阴影或光亮，或非正常移动
- 主要人物面孔和体形不符
- 说话内容与唇型不一致

因此，今后，记者必须一方面利用人工智能发表新洞见，另一方面解释人工智能的工作方式和影响。额外的难点在于，很少有人创建人工智能是为了解释人工智能自身的决策思路。西北大学计算新闻学教授尼古拉斯·迪亚科普洛斯指出，这些"算法存在于不透明的黑匣子中，它们的内部工作状态、它们的内部'想法'，隐藏在层层复杂性背后"。[45]

大体如此,因为人工智能系统的设计目的是执行某些功能,而不是解释工作方式。

《纽约时报》在一篇题为《能教会人工智能自我解释吗?》的文章中描述了算法可解释性领域的局限性。[46]探究这些黑匣子,让读者了解相关进展,是人工智能报道的关键目标。

当算法被广泛使用,当算法出现问题,当算法被人类滥用,可能造成重大后果,比如歧视、经济损失、隐私泄露等等。这些事例都值得调查,因为它们影响着日常生活。算法管辖还是比较新的领域,但随着各机构和政府广泛采用算法技术,这个概念可能会变得越来越重要。

算法责任报道的一个例子是德国公共广播公司对自动化信用评级的调查。[47]研究人员分析了德国保密信用评级机构通用信用保险保护协会(SCHUFA)的众包数据,借此对自动评级系统进行一定程度的监督,因为各国政府和其他评级机构尚未找到审查这些方法的途径。

"面向公众"网站关于机器偏见和算法不公正的系列报道也曝光了许多自动化程序。在一项调查中,"面向公众"网站与《纽约时报》合作搜集证据,证明推送在线招聘广告的算法歧视年老的劳动者。[48]这一系列报道还研究了算法设定的汽车保险费率中的种族差异,如果客户生活在

第二章 技术赋能：推动新闻变化的人工智能技术

白人不占多数的地方，最终会支付更多保费。[49]

另一个例子是，《华尔街日报》让读者与算法进行互动式实验，借此展示算法的运作方式。《华尔街日报》的文章《关于你的写作，算法能告诉你什么？》邀请用户提交论文或求职信等文本，算法会根据口吻、感情和其他语义参数给文本评分。[50]在另一篇报道中，《华尔街日报》记者通过注释代码解释了某个交易算法的工作方式。[51]这些可供探索的解释还包括详细的方法和出处标注，使《华尔街日报》的读者能够了解一台智能机器的内部工作原理，以及机器如何通过文本分析把握意义。

揭示算法的内部工作原理或揭示算法偏差，通常需要先进的计算机新闻学，通常需要借助先进的技术工具检查算法流程：

- **数据抓取**：了解和分析算法的途径之一是抓取公共数据，特别是针对那些非公开代码。这意味着从网站提取大量数据，并以结构化格式（例如电子表格）保存到本地计算机。例如，公开排名或定价的数据可以帮助记者逆向设计算法，或者至少发现数据行为中的显著模式。不过，应该指出的是，这是个潜在的陷阱，抓取数据可能会违反网站所有者的服务协议条款，可能也存在其他法律问题。比如据《财富》杂志报道，有观点认为抓取数据是一种违反《计算机欺诈和滥用法》的黑客行为。[52]

- **数据众包**：个性化算法可能难以抓取数据，因为这种算法的行为将针对个别用户单独定制。在这些情况下，可能需要从公众之中众包数据来进一步了解算法。"面向公众"网站运行了一个程序，众包脸书网站上的政治广告数据，"面向公众"网站让参与的读者安装一个浏览器扩展程序，读者浏览脸书网站推送的资讯时，扩展程序会自动收集相关数据。不过，这些方法可能引起争议，甚至可能遭到技术公司阻挠。在"面向公众"网站的案例中，脸书限制包括"面向公众"网站所使用的扩展程序在内的多个扩展程序的访问权限，"面向公众"网站众包数据的努力随之告终。[53]

- **自动程序**：自动程序可以帮助评估算法在不同使用模式下的行为方式有何区别，例如评估从不同地点登录的影响，这可以帮助人们评估地理位置定位。机器人程序是一种在互联网上进行重复性工作的程序，比如访问某网站、点击某按钮甚至上传某张图像。记者创造出的机器人程序能够执行数百万次这些简单功

第二章　技术赋能：推动新闻变化的人工智能技术

能，让人类了解算法在不同输入情况下的表现方式。不过，和抓取数据一样，使用机器人程序可能也存在法律问题，特别是围绕使用任何误导或欺骗手段的问题。

将人工智能应用于报道工作时，新闻人绝对不能忽视透明度和可解释性。新闻实践是质疑我们所处的世界，即使面对一款在现实世界决策中发挥作用的软件，这条新闻原则依然适用。随着人工智能变得更加重要，新闻编辑部在算法责任和解释算法行为方面只会发挥更加关键的作用。

能帮助新闻工作者指导算法研究的问题

- **类别**：这个算法是用来做什么的（过滤、预测、排序、计算等等）？
- **目标**：这个算法是用来优化什么的（例如，最大限度地利用浏览网站的时间）？
- **数据基础**：这个算法基于哪些数据？其中是否存在明显偏见？
- **透明度**：用户是否清楚地知道该算法如何做决定？
- **人类监管**：是否可以通过人类监管使之更快做出决策或做出改进？

- **可解释性**：算法的输出是否可解释/理解？
- **检测到的错误**：算法是否存在报告错误情况？
- **公平性**：算法是否对某些群体有利（不利）？
- **隐私性**：是否存储或与其他用户或第三方分享用户数据（如广告商、政府）？
- **稳健性**：服务是否接受过稳健性检测，能够抵御对抗性攻击和黑客行为？

第三章

工作流：新闻编辑部变革的规模化流程

"新闻生产人"意识到，这些人工智能工具的真正影响在于能够改变她作为记者的工作方式。新闻媒体面临的挑战不仅在于获取技术，也在于寻找将技术融入新闻编辑部的正确模式。

现代新闻机构不仅需要了解人工智能，还需要做好准备，适应人工智能带给新闻业的颠覆性变化，从单调乏味的工作场所转向反应更灵敏、协作更紧密的工作场所。

3.1 什么是迭代新闻？

传统新闻编辑策略往往关上新闻消费者参与的大门。相比之下，迭代新闻运用新技术，使新闻流程积极回应读者或观众的需求。通过了解消费数据并检验记者的假设,新闻编辑部可以先评估相关报道的价值,然后再投入大量资源。这种办法要求大规模、系统性地将新技术融入传统报道流程,而不是一次性运用新的工具。

迭代新闻指的是,实时调整报道以满足读者迅速变化的信息需求。这可以通过融合编辑的洞见与受众的反馈来实现。了解读者关心哪些问题,有助于新闻工作者对受众负责。

迭代流程从阐明新闻实验的机会并确定所需的编辑资源和相关技术要求开始。记者发布报道原型并衡量对受众的影响后,评估是否有必要为报道投入额外资源。如果有必要,记者可以制定规模化策略,将项目交给合适的团队进行日常管理。

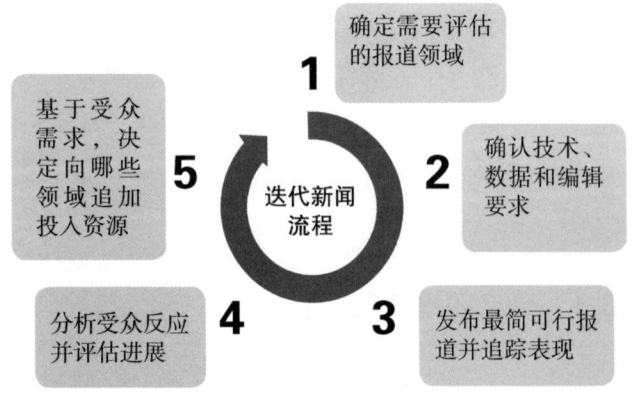

图3.1 迭代新闻是理解他人的新闻。迭代新闻利用受众采访、调查、实验和观察等方法了解读者关注的内容

第三章 工作流：新闻编辑部变革的规模化流程

实施"最简可行"报道策略、追求增强受众理解、建立研发实验室，是迭代新闻的三种不同策略，让新闻编辑部了解新闻报道的哪些变量与消费者的相关性最强。

"最简可行"报道

2018年，苏黎世传媒集团（Tamedia）利用文本生成机器人报道瑞士2222个城市对各种提案的投票情况。这种报道方式使媒体可以根据读者所在位置提供定制新闻，从而抓住所谓的长尾受众，其中最大的一部分读者群感兴趣的新闻多种多样，取决于哪些投票结果与他们有关。[1]

这种新的工作方式强调反馈的重要性和关注受众不同信息需求的必要性。苏黎世传媒集团能够提升用户参与度，因为他们根据用户所在地提供个性化报道。[2]

"最简可行"报道是指用充足的信息完成文章或专题报道，满足最初的信息需求。只有考虑过新闻最初读者的反馈，才能完成一篇内容更广泛、更丰富、更全面的新闻报道。虽然这种方法可以有效完成常规报道，但可能并不适合包括调查在内的一些新闻工作。

"新闻生产人"定期发布一些自动化报道，而且逐渐能够预先判断受众是否对某个特定话题感兴趣，然后再决定是否投入更多资源开展更广泛的新闻报道工作。例如，她利用自然语言生成技术和近期发布的健康指标数据集，制作了数百篇报道。基于受众参与率指标，她发现有关儿童肥胖信息的报道对读者来说似乎很重要。她还通过分析读者评论来实现迭代新闻，领会读者如何深入理解她供职的报纸刊登的内容。基于这些数据，她决定进一步挖掘有关儿童健康的话题。

她也呼吁同事跳出"发稿与遗忘"的心态。"新闻生产人"记录自己的人工智能实验的成功与失败，从以往的工作中汲取了经验。

受众甚至可能实时反馈。《华尔街日报》与卫报实验室合作，向关注针对美国劳工统计局就业报告的新型报道和新闻快讯的受众寻求即时反馈。[3]读者受邀完成在线调查，分享他们对《华尔街日报》这场实验的反应。调查收集的数据之后被用于改进未来的直播策略和新闻推送时间。

这些方法难以推广到传统新闻，一方面是因为读者反馈的机会有限，另一方面在于新闻编辑部的工作结构。在新技术和协作工具的推动下，迭代新闻可以让记者向更广泛的受众介绍他们的观点，而不必担心丢掉独家新闻。

不过，将迭代思维应用于新闻业是谨慎协调的做法。技术应用和受众反馈可以帮助记者发现哪些新闻与消费者联系最为密切，又不必担心损害新闻操守、话语权或信息。最后,迭代新闻的目的是使新闻机构有能力实现新闻产出与消费者需求相一致。

在"新闻生产人"供职的公司,这种新方法正在选举报道和奥运会等预定新闻事件中得到检验。这让她有更多的时间倾听受众需求,策划实验,并带领同事参与这个流程,而不被束缚在日常的新闻周期中。

新闻编辑部融合迭代过程的风险

- 破坏已证明有效的现有流程
- 不愿改变的同事可能产生抵触情绪
- 过多的实验和测试造成重点缺失
- 依赖受众反馈导致决策过程缓慢

增强受众理解

迭代新闻从人开始,但不局限于人口数据,以理解个体消费新闻时的感受。了解某人的年龄、性别或居住地可能会告诉记者一些信息,但并不能告诉记者如何看待一则与某个群体相关的报道。

传统的研究方法和为线上受众开发内容都依赖定量分析。新闻编辑部每天统计不同时段的读者或观众数量,查阅他们的基本人口统计数据，看看他们如何浏览网站。这或许可以证实"新闻生产人"的假设，但并不能告诉她读者为何与报道互动以及如何互动。了解受众的行为和价值观很重要。迭代新闻也是理解他人的新闻：用受众访谈、调查和观察充实数据，了解读者关心什么，而不仅仅是关注读者数量。其中许多任务都可以在人工智能的帮助下完成。

在《纽约时报》和《华盛顿邮报》，人工智能自动标记包含负面或冒犯性语言的评论，并将观点相似的评论集中起来，以便优先审核某些读者评论，这使新闻编辑部能够加速评估数十万条评论，同时更深刻地洞察读者对某些报道或话题的反应。这些数据可以用来影响未来的报道。

了解受众的价值观需要超越读者与新闻报道接触的数据点。目标是确认读者真正在乎的议题，确认新闻在哪种语境中对受众用处最大。在这一新格局中，记者不仅要采访消息人士，也要重点关注把受众和同事纳入新闻流程。

例如，美国全国广播公司商业新闻频道（CNBC）有一档名为《问政》（Ask Kensho）的系列节目，观众可以在推特上发布商业问题，几乎可以得到实时解答。[4]为实现这种互动，全国广播公司商业频道运用一款人工智能工具，

第三章 工作流：新闻编辑部变革的规模化流程

可以"通过扫描九万多个可定制行为，找到6500多万条问题组合的答案"，还可以利用这些问题了解观众关心哪些话题。

在德国，《时代报》每天对线上读者进行调查，了解他们对选举结果甚至抗议活动等时事的看法。由此产生的数据集是一种"情绪指数"，不仅让新闻工作者了解读者的感受，而且构成了新的数据驱动型报道的基础。[5]

新闻编辑部依靠编辑专业能力和读者反馈，可以将受众置于报道开发流程的中心。

这种以读者为中心的新闻工作方式并非一帆风顺。俄勒冈大学新兴媒体学教授塞思·刘易斯说，为新闻流程引入外部视角，可能会模糊新闻专业与消费者之间的界线，导致新闻编辑部内部关系紧张。[6]

事实上，读者的反馈可能过度影响新闻编辑部重点关注哪些话题的决定。有关边缘化社区或复杂主体的新闻报道可能并不受多数读者的热烈欢迎，但却是整个社会的重要议题。

为了避免对自身使命视而不见的危险，新闻人必须建立受众参与的框架，既利用这种新形式的合作，又维护新闻操守。

研发实验室

推广迭代文化可以让新闻机构快速试验新想法并赶上时代潮流。许多新闻编辑部牢记这条原则,搭建自己的研发功能,帮助新闻工作者尝试新方法,传播最佳做法。其中许多新团队一直重点关注人工智能。

- 英国广播公司新闻实验室旨在设立多学科倡议,努力推进半自动化新闻等尝试,开发文字转语音工具。[7]实验室近期项目包括听力图生成器(可将音频文件转换成视频文件,供社交媒体传播)和聊天会话机器人(给予受众一种会话机制,用来了解某篇报道)。

- 《华尔街日报》研发实验室开发人工智能工具,并推进验证深度伪造和算法透明度报道等新流程。研发团队还负责其他相关倡议,包括运用自然语言生成技术的内容自动化,以及运用自然语言处理技术的最新成果开发出来的文本分析工具。

- 《纽约时报》的研发团队重点关注翻译、计算机视觉和传感器等领域。[8]除人工智能外,研发团队也探索了其他新兴技术,比如区块链,这种技术可以给已核

第三章　工作流：新闻编辑部变革的规模化流程

实内容打上水印，打击虚假信息，也可以让受众深入了解新闻起源。[9]
- 石英财经人工智能工作室旨在帮助记者使用机器学习方法开发新类型报道。[10]项目之一是"夸克机器人"（Quackbot），技能之一是"给定主题，机器人可以推荐一些可靠的数据来源"。[11]
- 《华盛顿邮报》的研发实验室成立于2019年夏天，旨在试验计算机新闻技术，以加强对2020年美国总统大选的报道。[12]
- 这些研发团队通常作为共享资源建立，特定新闻编辑部中的任何人都可以访问。研发团队借助数据推动型搜索，充当应对挑战和帮助同事发现机会的接口。

最近，"新闻生产人"的编辑发起了一项内部交流项目，让同事们有机会与技术专家共同工作两周时间。新闻工作者受邀提出建议，然后交由跨职能委员会审查。参与项目的新闻工作者能够得到指导，并参与开发与人工智能等领域相关的项目。

建立研发实验室的高性价比方式

- 参观非新闻行业的学术研究实验室,了解最佳做法,汲取新想法。
- 组织工作坊,授权跨职能团队明确挑战,给他们时间试验新方法。
- 建立内部轮换计划,让新闻工作者与工程师合作一段时间。
- 与来自大学、初创企业和其他媒体机构的外部演讲人组织自带餐食的午餐会,讨论新项目的最新研究和部署。

3.2 使新闻工作与人工智能工作流相一致

迭代新闻的流程与人工智能系统的属性密切一致,二者都从收集数据开始。然后,人工智能加快了观察和理解语义的过程,这也是新闻流程不可或缺的一部分。

人工智能不仅可以帮助特定类型的新闻生产最简可行报道,还可以通过判断受众对特定主题或话题的兴趣,评估文章的潜在影响。例如,"新闻生产人"与同事集思广益策划报道某次选举,她可能会借助人工智能,获得有关

第三章 工作流：新闻编辑部变革的规模化流程

社交媒体讨论的洞见。人工智能可以告诉她哪些是热搜话题，哪些读者对选举感兴趣。结合这些信息与自己的新闻直觉，"新闻生产人"就能够找到一个切题又独特的报道角度。数据无处不在，但并非无所不包。新的数据方法根植于坚实的新闻方法，通过提供正确的背景信息，强化新闻编辑部对受众的理解。这让编辑和记者可以在投入大量资源进行报道之前，检验某一观点或某些新闻经验是否可行。

"新闻鞭"（NewsWhip）等人工智能工具使《卫报》、《纽约邮报》、美联社、《赫芬顿邮报》和其他新闻机构深入了解受众，并能够预测受众需求。这种技术可以挖掘社交媒体，对新闻报道进行精妙分析，从而监测公众对具体话题的好奇心，然后通过提醒和线上控制面板向记者传递这些信息。

一名政客宣布对多家跨国公司推行重大减税政策后，"新闻生产人"使用类似的工具寻找独特的报道角度。机器学习系统发现，尽管有数百篇文章报道了这名政客的演讲，但有个人账户在社交媒体上要求阐明这项政策对小企业主的影响，这引发了广泛讨论。"新闻生产人"利用这种洞见进一步研究了相关话题，并撰写了一篇文章解答这些未解的问题。

在迭代新闻和人工智能中，从数据和观察中学习都是开发过程的根本。借助人工智能分析人物及其背景信息的大量相关数据，新闻编辑部可以比以往更好地了解受众，进而提升受众体验。这样，迭代新闻和机器学习都能吸纳以人为本的设计原则。[13]

3.3 迭代新闻的三个问题

随着新闻编辑部越来越适应实验，编辑部还应该考虑到新闻报道或新闻产品的可取性、使用新闻编辑部技术帮助制作新闻报道或新闻产品的可能性以及新的新闻报道方式在经济上的可行性。

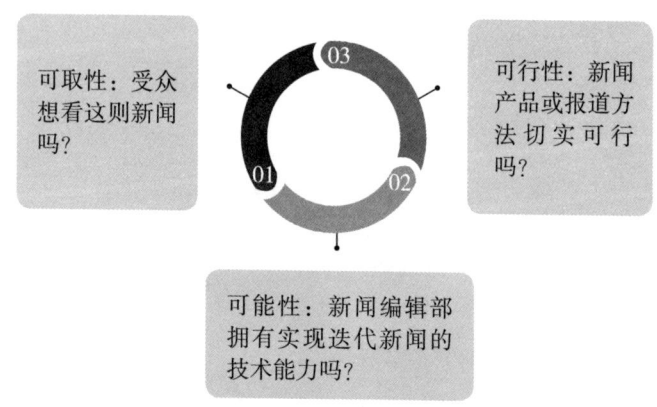

图3.2 迭代新闻借鉴设计思维方法，从受众的期待入手，然后回答执行可能性相关问题，最后解决长期可行性

第三章　工作流：新闻编辑部变革的规模化流程

问题一：受众想看这则新闻吗？

更好地了解读者和观众的行为兴趣，"新闻生产人"就能够制作与他们有关的新闻。除了通过自动化报道测试受众的兴趣所在，也可以邀请新闻消费者与记者共同讨论他们不断变化的信息需求。这些方法可以为新闻编辑部注入以受众为中心的视角。

为了衡量受众对湾区无家可归者这一话题的兴趣，旧金山公共广播电台北加州公共广播电视公司（KQED）与技术企业赫肯合作，邀请听众通过一款在线工具提交问题。[14]提交的一千多条问题集中到一个数据库，展示出来进行公共投票。然后，记者重点关注出现频率最高的问题——例如，"无家可归最普遍的原因是什么？"——从这个角度切入报道。通过倾听听众的意见，北加州公共广播电视公司实现了极高的公众参与度，制作出对社区有价值的报道。

问题二：新闻编辑部拥有实现迭代新闻的技术能力吗？

新闻编辑部的工作人员需要了解技术的能力和局限性，这非常重要。当然，工作人员的技能存在差距，可以通过招聘技术人才或通过合作来解决，但分别招聘技术专家和新闻工作者是不够的。而且，很多新闻编辑部也不具备足够的财力。新闻工作者越来越需要具备技术技能，而技术人员必须了解新闻工作。

《数据新闻：全球未来内幕》一书描述了记者程序员的出现。[15] 新闻编辑部越来越多地倚仗既懂计算机编程又懂新闻调查的复合型人才。辛迪·罗雅尔对《纽约时报》互动新闻技术部开展了题为"作为程序员的记者"的个案研究，发现在一个越来越需要了解数据集的时代，数据分析和统计等技能可以增强传统新闻报道技术。[16]

但是，聘用技术专家并不是提升技术流畅性的唯一途径。在《华尔街日报》，编辑与产品经理合作，目标是：两支团队合作，理解对方的观点。因此，《华尔街日报》能够推出综合两支团队洞见的产品。

问题三：新闻产品或报道方法在经济上可行吗？

为实验而实验是浪费资源，特别是财力和时间紧张的小型新闻编辑部。迭代新闻背景下制定的解决方案必须具备经济可行性。"新闻生产人"明白，今天的新闻工作者不仅要讲故事，也要了解新闻机构如何运转，了解新闻业如何获得资金。但这并不意味着新闻产出应当由经济实力决定。

第三章 工作流：新闻编辑部变革的规模化流程

通过了解如何建立可持续新闻模式，新闻人可以更快地推出和发展新的思想。这需要编辑、产品和商务团队之间坦诚交流。在大型媒体机构内部建立新闻初创企业或创建数字化转型项目的个人越来越多地主导新闻工作。

新闻机构可以从风险、竞争者和成功因素等方面评估新闻产品是否可行。例如，《华尔街日报》使用一种特定方法评估项目，这种方法名为"目标和关键成果"（OKRs）[17]。谷歌、英特尔和亚马逊等科技公司也采用了这种方法，这种方法为每支团队和个人确立了与新闻编辑部整体战略相一致的可衡量目标。

新闻工作者和技术专家配对指南

- 定期召开会议，解释双方的运转情况，因为新闻工作者和技术专家的工作流程完全不同。例如，工程团队依据非常明确的路线图运转，而新闻编辑部在最后关头提出的任何要求，都会对完成时间线产生重大影响。开发新产品或新工具时，新闻工作者应该安心地让工程师完成工作，之后再提供反馈。
- 发展一种共同语言，避免各自使用不同的专业术语。工程师可能不熟悉"导语"或"眉题"的含义，新闻工作者可能不知道AWS（亚马逊网站服务）指的是一个云计算平台。为了保障团队合作，尽可能简化语言很重要。
- 确定每支团队如何为项目做贡献。重要的是厘清哪些决策属于新闻编辑部，哪些属于技术团队，哪些属于共同责任。例如，网站上基于人工智能的内容推荐工具需要技术考量，例如搭建方式，但也需要新闻编辑部的反馈，这样才能确保呈现的结果是有编辑价值的报道。

"新闻生产人"与编辑合作，为团队设定如下季度目标和关键成果。她重点关注少数的可量化成果，并确保这些成果代表的是现实的挑战。她每季度设定一次目标和关键成果。

目标：
- 增加与当地新闻内容的联系。

主要成果：
- 当地新闻内容生产增加30%。
- 本季度结束时，吸引5000名新用户。
- 在网页和移动平台上试点十种新的新闻类型。

目标和关键成果是评估新做法是否可行的有效方法，可以在个人、团队和新闻编辑部层面构建。这种方式让"新闻生产人"感到自己把控着公司的战略方向，好像她是初创企业的首席执行官一样。如今，"企业家一样的新闻工作者"这一理念非常重要，以至于新闻学院已经开始重视产品开发和商业规划方面的课程和培训。例如，纽约市立大学新闻学院开设了企业家新闻项目，教授新闻方面的新商业模式；[18]密苏里新闻学院每年举办比赛，鼓励学生创立初创企业解决新闻编辑部的问题；[19]哥伦比亚新闻学院也认识到了解新闻商业的重要性，将商业课程作为项目必修课。

3.4 促进新闻编辑部整体合作

迭代过程需要新闻编辑部内部采用新的工作和组织方法。快速适应新技术和工作流需要组建由新闻、数据科学、设计、技术和战略专业人员组成的多学科团队。

但是，创造协作环境意味着什么？新闻编辑部如何创造一种不会让参与人员感觉受胁迫的合作环境？

第一步是减少谷仓效应，强化部门间协同。如果我们希望各个团队能实现快速测试和交叉协作，那就不能把新闻编辑部分成不同部门。这意味着新闻编辑部的设计应该让背景和技能不同的人经常碰面。这种布局促进了偶然的合作,更符合本书第一部分所描述的新型动态新闻模式。[20]

新闻编辑部已经开始采用这种模式。例如,2017年,美联社总部迁至曼哈顿市中心,新总部的单人办公室数量大幅减少,临时座位区域增加。《华盛顿邮报》的新办公室里有许多密集空间,用于非正式聚会和小组讨论。与此同时,创造一些空间,让人们必要时可以独自工作也同样重要。《华尔街日报》在各个办公室安装了电话亭,这样新闻工作者就可以拥有隐私空间,石英财经网站则开辟了类似咖啡厅的小角落,适合私人工作会议使用。

关键在于知识共享不仅包括清楚明确的交流,也需要营造一种文化。在这种文化中,好奇心不是被迫产生的,而是有机呈现出来,也需要营造鼓励人们冒险的环境,比如推行新的人工智能技术——这需要集体信任、参与和对结果可能不完美的预期。

关于合作,或许我们最需要了解的就是这一点:合作既麻烦又不完美。但是,就算有时候合作可能因为个人之间的冲突或者官僚主义拖延氛围而适得其反,但这并不意味着合作没有用。我们往往关注工作效率,但合作过程通常效率不高——我们合作不是为了提高速度或便捷度,而是为了构建包含多种观点的内容。

新闻报道作为创新单元

技术总是在不断地变化,但新闻编辑部里不变的是报道和分析。建立迭代文化从集体承认可以尝试、失败和试验开始。

在教育方面投入时间的新闻编辑部变得更加灵活,并持续创造让读者获取信息、心情愉悦的新闻报道。建立对新技术的适应取决于两项核心活动:培训和研究。

新闻编辑部管理人员可以向同事们提供新技能和创造变革同时消除内部限制的路线图,从而赋予同事权利,例如,允许他们与其他团队进行跨职能合作,并在可能的时候,致力于新闻产品和新闻工具的概念形成。这种赋权包括让新闻编辑部接触迭代新闻等概念,但也可以涵盖教同事学习如何使用新的人工智能工具进行数据分析或生成文本和视频。

在自己的业务范围之外寻找灵感来源有利于新闻编辑部的发展。例如,新闻编辑部可以主办"创新者系列"活动,邀请外部演讲者介绍与媒体和新闻有关的新理念。但这些培训计划不应自上而下推广;培训与否应该从记者的需求出发。

这种努力可以产生明显的影响：印第安纳州布卢明顿的《先驱时报》称，2003年至2006年推出的每周五小时培训项目是报纸销量增长10%和线上体验改善的因素之一。[21]这个项目之所以成功，是因为培训活动与执行性强的目标相联系。

随着人工智能迅速改变新闻实践，影响新闻编辑部的结构，投资这种培训变得至关重要。其实，培训可以减轻与角色转变的不确定性有关的恐惧，并激励工作人员在工作中更加积极进取。

专业组织"全球编辑网络"（Global Editors Network）推动黑客马拉松活动，使《国家地理》、全国广播公司（NBC News）、《纽约客》、"面向公众"网站、沃卡蒂夫新闻网站、《华盛顿邮报》和其他媒体机构的新闻工作者共同参与媒体行业创新发展的竞争。这类活动为记者和编辑提供了一个机会，让他们可以跳出日常新闻周期，雄心勃勃地思考新兴新闻报道形式。

与高校合作也可以使新闻编辑部开发新的分析和独特内容。例如，《纽约时报》与哥伦比亚大学布朗研究所合作，调查推特和脸书等平台上机器人的出现。这最初是马克·汉森教授领导的计算机新闻课程项目，后来逐渐形成一篇沉浸式新闻报道，促使联邦当局调查假粉丝销售者。

结　论

人工智能这样的技术可以增强新闻业，而不是推动新闻业自动化。

在被新技术改变的新闻业格局中，下一代新闻生产人将科学带入了报道艺术。他们善于对报道和编辑方式进行分析，并专注于研究和试验。

现在，新闻编辑部拥有了可用的资源，能够进行大规模生产，将新闻工作者从耗时任务中解放出来，同时令他们的报道与众不同。数据和计算机科学正迅速成为这一过程中不可或缺的组成部分，同时也正在改变信息收集、生产、分发和货币化的方式。

人工智能工具可以直接由数据生成文本，在视频片段中发现隐藏的见解，实时将采访整理成文字并进行翻译，甚至可以创建同一新闻故事的多个版本。人工智能在编辑部中的应用也带来了新的编辑角色，包括自动化编辑、算法问责记者和算法新闻工作者。

在这个新的编辑等式中，技术是变量，新闻标准是常量。人工智能只是新闻报道工具箱中的另一个工具,它可以增强新闻报道的深度和广度,就像互联网、电话和打字机革命曾经所做的那样。

人工智能可能涉及复杂巧妙的算法,但机器得出的结论并不总是正确的。新闻工作者必须始终质疑结果,验证方法,并确保可解释性。这并非易事:人们很难对算法进行审查,因此也很难向其问责。

通过人工智能生成的见解应该被用作指导报道的指南针,而不是提供可靠信息的时钟。[1]人工智能是由人类创造的,它可能犯错,原因通常是人工智能的设计方式和用于训练人工智能的数据存在偏差。输出的质量取决于输入的质量。

要想利用好人工智能,整个行业的新闻生产人必须开始尝试人工智能。这并不意味着新闻工作者需要成为技术专家,但他们确实需要对变革做出更积极的反应。这并非关乎某一种技术,而是关乎编辑适应力。

要想在这个技术时代取得成功,编辑部需要部署新方法,这些新方法要能跟上不断发生的变化。迭代新闻始于确定受众的信息需求,实现迭代新闻的途径包括采用令报道尽可能短等技巧、增强对受众的理解以及加速研究。迭代新闻强调反馈,它会循环提供一种想法的几个版本,把产品开发思维用于报道。

迭代新闻将新闻直觉、强大技术和协作文化结合在一起，使新闻机构的产品与消费者的需求越来越趋于一致。

人工智能在这个过程中可以发挥的作用是帮助我们理解新闻读者，并将他们的关切置于相关背景当中。然而，这些智能算法的涌现让一些人相信，世界可以量化，简化为数值，就像机器从政客的演讲中得出"情感分值"或者使用社交媒体衡量公众对某个特定话题的兴趣那样。

新闻工作者被这个概念吸引，原因是借助人工智能提取的数据可能会让他们更接近真相。能够使用分析信号意味着报道可以建立在事实基础上，甚至可以强化新闻对社会具有重要指导意义这个观念。

然而，如果一切都归结为数字，我们就会忽视人性。当数据的冰冷超过讲述新闻故事的温暖时，与新闻消费者建立良好关系会变得更加困难。

因此，即使我们有充足的数据，可以通过人工智能对其进行大量挖掘和分析，我们还是要把人置于这个过程的中心，这一点现在比以往任何时候都更加重要。迭代新闻并不是"转向人工智能"，而是让人类新闻工作者为可以增强他们能力的人工智能所围绕。

讲故事的艺术是新闻报道的基础，它使我们能够与他人建立联系。人工智能不会取代新闻业。新闻工作者始终需要把所有零散信息拼凑在一起，构建让我们得以了解人类经历的叙事。

书中那名"新闻生产人"对此感到欣慰，她知道，拥抱人工智能为她提供了一套发现真相的新工具，同时也知道，没有任何算法可以代替她的新闻判断。

致 谢

在创作本书的过程中,我得到了很多人的支持。芝加哥大学出版社的菲利普·勒旺塔尔,我杰出的编辑,给了我探索本书思路的机会;研究助手库鲁什·豪斯曼、泰勒·中川、劳拉·沙布和蒂尔·达尔德鲁普提供了不可或缺的帮助;凯尔西·迈克尔的重要文案使我的思路更加具体;辛西娅·华主持了这本书的技术审查。

另外一些有益的想法、帮助和灵感来自哥伦比亚大学新闻学院Tow中心的团队和麻省理工学院媒体实验室社交机器实验室的同事们。感谢我在《华尔街日报》出色的同事们和允许我成为创新工作室一员的美联社。

最后,我要感谢我的父母,他们总是向我灌输将艺术和科学相连接的重要性。最重要的,我要由衷地感谢我的妻子雷切尔,她的支持对本书的创作至关重要。

注 释

序言

1. PricewaterhouseCoopers, "Sizing the Prize: What's the Real Value of AI for your Business and How Can You Capitalise?", August 16, 2017, www.pwc.com/gx/en/issues/analytics/assets/pwc-ai-analysis-sizing-the-prize-report.pdf.

引言

1. Max Willens, "Forbes Is Building More AI Tools for Its Reporters", Digiday, January 3, 2019, digiday.com/media/forbes-built-a-robot-to-pre-write-articles-for-its-contributors/.

2. "AP to Preview Every NBA Game with Automation from HERO Sports, Data from Sportradar", Sportradar, January 24, 2019, sportradar.us/2019/01/ap-to-preview-every-nba-game-with-automation-from-hero-sports-data-from-sportradar/.

3. Shan Wang, "After Years of Testing, the Wall Street Journal Has Built a Paywall That Bends to the Individual Reader", Nieman Lab, February 22, 2018, www.niemanlab.org/2018/02/after-years-of-testing-the-wall-street-journal-has-built-a-paywall-that-bends-to-the-individual-reader/.

4. "World's First AI News Anchor Makes 'His' China Debut",

Xinhua News Agency, November 8, 2018, www.xinhuanet.com/english/2018-11/08/c_137591813.htm.

5. U.S. Bureau of Labor Statistics, "Newspaper Publishers Lose Over Half Their Employment from January 2001 to September 2016", April 3, 2017, www.bls.gov/opub/ted/2017/newspaper-publishers-lose-over-half-their-employment-from-january-2001-to-september-2016.htm.

6. Aman Naimat, *The New Artificial Intelligence Market*, vol. 1 (Sebastopol, CA: O'Reilly Media, 2016).

7. Diana Owen, *The State of Technology in Global Newsrooms* (2017 survey) (Washington, DC: International Center for Journalists, 2018), www.icfj.org/sites/default/files/2018-04/ICFJTechSurveyFINAL.pdf.

8. David Levy and Damian Radcliffe, "Social Media Is Changing Our Digital News Habits—But to Varying Degrees in US and UK", *The Conversation*, December 19, 2018, theconversation.com/social-media-is-changing-our-digital-news-habits-but-to-varying-degrees-in-us-and-uk-60900.

9. James L. McQuivey, with Carlton A. Doty and Ryan Trafton, *Will People Really Do That?* (Cambridge, MA: Forrester, 2015), www.forrester.com/report/Will+People+Really+Do+That/-/E-RES117907.

10. "Social and Demographic Differences in News Habits and Attitudes", chap. 5 in *The Personal News Cycle: How Americans Choose to Get Their News* (Arlington, VA: American Press Institute, 2014), www.americanpressinstitute.org/

publications/reports/survey-research/social-demographic-differences-news-habits-attitudes/.

11. Nic Newman, et al., *Digital News Report 2018* (Oxford: Reuters Institute for the Study of Journalism, 2018), media.digitalnewsreport.org/wp-content/uploads/2018/06/digital-news-report-2018.pdf?x89475.

12. "Xinhua Upgrades AI-Based News Production System", Xinhua News Agency, June 15, 2018, www.xinhuanet.com/english/2018-06/15/c_137256200.htm.

13. Katsuhiro Yoneshige, "About JX PRESS—English", JX Press, accessed June 19, 2019, jxpress.net/about/about-jx-press/.

14. Shoko Oda, "This Media Startup Is Beating the Competition with a Newsroom Run by Robots", Bloomberg, May 27, 2018, www.bloomberg.com/news/articles/2018-05-27/the-airline-geek-trying-to-build-a-media-giant-with-no-reporters.

15. Chris Roush, "AP Biz Editor Gibbs to Oversee News Partnerships", *Talking Biz News*, July 21, 2017, talkingbiznews.com/1/ap-biz-editor-gibbs-to-oversee-news-partnerships/.

16. Zsolt Katona, Jonathan A. Knee, and Miklos Sarvary, "Agenda Chasing and Contests Among News Providers", Columbia Business School Research Paper no. 13-49, July 3, 2013, doi.org/10.2139/ssrn.2288672.

17. Nicole Perrin, "Amazon Is Now the No. 3 Digital Ad Platform in the US", *eMarketer*, September 19, 2018, www.emarketer.com/content/amazon-is-now-the-no-3-digital-ad-platform-in-the-us.

18. Kevin K. Drew and Ryan J. Thomas, "From Separation to Collaboration", *Digital Journalism* 6, no. 2 (2017): 196–215, doi:10.1080/21670811.2017.1317217.

第一章 问题：转型中的新闻模式

1. Francesco Marconi and Alex Siegman, "A Day in the Life of a Journalist in 2027: Reporting Meets AI", *Columbia Journalism Review*, April 11, 2017, www.cjr.org/innovations/artificial-intelligence-journalism.php.

2. Nic Newman, *Journalism, Media, and Technology Trends and Predictions 2019* (Oxford: Reuters Institute for the Study of Journalism, 2019), reutersinstitute.politics.ox.ac.uk/sites/default/files/2019-01/Newman_Predictions_2019_FINAL.pdf.

3. Peter Aldhous, "We Trained a Computer to Search for Hidden Spy Planes. This Is What It Found", BuzzFeed News, August 7, 2017, www.buzzfeednews.com/article/peteraldhous/hidden-spy-planes#.mkqoYz91Q.

4. "FT Introduces 'She Said He Said' Bot to Diversify Sources in Articles", *Financial Times*, November 15, 2018, aboutus.ft.com/en-gb/announcements/ft-introduces-she-said-he-said-bot-to-diversify-sources-in-articles/.

5. "JanetBot: Analysing Gender Diversity on the FT Homepage", FT Labs, July 11, 2018, labs.ft.com/product/2018/11/07/janetbot.html.

6. Will Mari, "Technology in the Newsroom: Adoption of the Telephone and the Radio Car from c. 1920 to 1960", *Journalism*

Studies 19, no. 9 (2018): 1366–1389, doi:10.1080/1461670x.2016.1272432.

7. Reuters, "Reuters News Tracer: Filtering through the Noise of Social Media", Reuters Community, May 15, 2017, www.reuterscommunity.com/topics/newsroom-of-the-future/reuters-news-tracer-filtering-through-the-noise-of-social-media/.

8. "Conexiones entre políticos y medios en Twitter", *El País*, January 31, 2016, elpais.com/elpais/2016/01/29/media/1454086689_574154.html.

9. Dataminr, "Dataminr for News Enters Continental Europe, Signing Deal with France Info", September 6, 2016, www.dataminr.com/press/dataminr-for-news-enters-continental-europe-signing-deal-with-france-info.

10. Antonis Kalogeropoulos, "The Rise of Messaging Apps for News", section 2.6 in *Digital News Report 2018*, by Nic Newman et al. (Oxford: Reuters Institute for the Study of Journalism, 2018), media.digitalnewsreport.org/wp-content/uploads/2018/06/digital-news-report-2018.pdf?x89475.

11. Andrew Perrin, "Americans Are Changing Their Relationship with Facebook", Pew Research Center, September 5, 2018, www.pewresearch.org/fact-tank/2018/09/05/americans-are-changing-their-relationship-with-facebook/.

12. Media Cloud, "Media Cloud in Action: Case Studies", accessed June 19, 2019, mediacloud.org/case-studies/.

13. Alex Thompson, "Parallel Narratives: Clinton and Trump Supporters Really Don't Listen to Each Other on Twitter",

Vice News, December 8, 2016, news.vice.com/en_us/article/d3xamx/journalists-and-trump-voters-live-in-separate-online-bubbles-mit-analysis-shows.

14. Sally Kestin, John Maines, and Dana Williams, "Speeding Cops Get Special Treatment, Sun Sentinel Investigation Finds", *South Florida Sun Sentinel,* February 13, 2012, www.sun-sentinel.com/local/fl-speeding-cops-culture-20120213-story.html.

15. *Radiolab*, "Cicada Tracker", WNYC Studios, accessed June 19, 2019, project.wnyc.org/cicadas/.

16. Stephanie Ho, "Sense It! A Beginner's Guide to Sensor Journalism", accessed June 19, 2019, www.stephanieho.work/sense-it/.

17. Tim Hwang, "Announcing the Winners of the AI and the News Open Challenge", Knight Foundation, March 12, 2019, knightfoundation.org/articles/announcing-the-winners-of-the-ai-and-the-news-open-challenge.

18. Sahil Chinoy, "We Built an 'Unbelievable' (but Legal) Facial Recognition Machine", *New York Times*, April 16, 2019, www.nytimes.com/interactive/2019/04/16/opinion/facial-recognition-new-york-city.html.

19. Katerina Eva Matsa and Elisa Shearer, "News Use Across Social Media Platforms 2018", Pew Research Center, September 10, 2018, www.journalism.org/2018/09/10/news-use-across-social-media-platforms-2018/.

20. WashPostPR, "The Washington Post Launches on Twitch",

WashPost PR Blog, July 16, 2018, www.washingtonpost. com/pr/wp/2018/07/16/the-washington-post-launches-on-twitch/?utm_term=.959a16de1e2b.

21. Sisi Wei, "Creating Games for Journalism", ProPublica, July 11, 2013, www.propublica.org/nerds/creating-games-for-journalism.

22. Tristan Ferne, "Beyond 800 Words: New Digital Story Formats for News", BBC News Labs, September 26, 2017, medium.com/bbc-news-labs/beyond-800-words-new-digital-story-formats-for-news-ab9b2a2d0e0d.

23. Associated Press, "AP and Graphiq Expand Collaboration to Offer Interactive Visualizations to all AP Customers", October 18, 2016, www.ap.org/press-releases/2016/ap-and-graphiq-expand-collaboration-to-offer-interactive-visualizations-to-all-ap-customers.

24. Michela Del Vicario et al., "Modeling Confirmation Bias and Polarization", *Scientific Reports* 7, no. 40391 (2017), doi:10.1038/srep40391.

25. Carl Benedikt Frey and Michael A. Osborne, "The Future of Employment: How Susceptible Are Jobs to Computerisation?", *Technological Forecasting and Social Change* 114 (January 2017): 254–280, doi:10.1016/j.techfore.2016.08.019.

26. Lucia Moses, "The Washington Post's Robot Reporter Has Published 850 Articles in the Past Year", Digiday, September 14, 2017, digiday.com/media/washington-posts-robot-reporter-published-500-articles-last-year/.

27. Zack Liscio, "What Networks Does BuzzFeed Actually Use?", Naytev Insights, accessed June 19, 2019, www.naytev.com/insights/what-networks-does-buzzfeed-use.

28. See, e.g., "Success Story: Hearst Television", True Anthem, accessed June 19, 2019, www.trueanthem.com/hearst-television/.

第二章　技术赋能：推动新闻变化的人工智能技术

1. Roberto Brunelli, *Template Matching Techniques in Computer Vision: Theory and Practice* (Chichester, West Sussex: Wiley, 2009).

2. Jill Kirschenbaum, Adya Beasley, and Madeline Carson, "Voices from a Divided America", *Wall Street Journal*, October 29, 2018, www.wsj.com/articles/voices-from-a-divided-america-1540822594.

3. Sarah Slobin, "A Computer Watched the Debates. It Thought Clinton Was Happy and Trump Was Angry and Quite Sad", *Quartz*, October 21, 2016, qz.com/810092/a-computer-watched-the-debates-and-thought-clinton-happy-trump-angry-sad/.

4. Josh Chin and Liza Lin, "China's All-Seeing Surveillance State Is Reading Its Citizens' Faces", *Wall Street Journal*, June 26, 2017, www.wsj.com/articles/the-all-seeing-surveillance-state-feared-in-the-west-is-a-reality-in-china-1498493020.

5. Rigoberto Carvajal, "How Machine Learning Is Revolutionizing Journalism", ICIJ: International Consortium of Investigative Journalists, August 22, 2018, www.icij.org/blog/2018/08/how-

machine-learning-is-revolutionizing-journalism/.

6. Jonathan Zittrain, "The Hidden Costs of Automated Thinking", *New Yorker*, July 23, 2019, www.newyorker.com/tech/annals-of-technology/the-hidden-costs-of-automated-thinking.

7. Alec Radford et al., "Better Language Models and Their Implications", *OpenAI Blog*, February 14, 2019, blog.openai.com/better-language-models/.

8. Laurence Dierickx, "Why News Automation Fails", presented at the Computation + Journalism Symposium, Miami, FL, February 2019.

9. WashPost PR, "The Washington Post Experiments with Automated Storytelling to Help Power 2016 Rio Olympics Coverage", *WashPost PR Blog*, August 5, 2016, www.washingtonpost.com/pr/wp/2016/08/05/the-washington-post-experiments-with-automated-storytelling-to-help-power-2016-rio-olympics-coverage/?utm_term=.85060ab27a8d.

10. Danny Robbins and Carrie Teegardin, "Still Forgiven: An AJC National Investigation", *Atlanta Journal-Constitution*, accessed August 26, 2018, doctors.ajc.com/.

11. Gabriel Dance and Tom Jackson, "Rock-Paper-Scissors: You vs. the Computer", *New York Times*, October 7, 2010, archive.nytimes.com/www.nytimes.com/interactive/science/rock-paper-scissors.html.

12. Mary Branscombe, "Artificial Intelligence's Next Big Step: Reinforcement Learning", *New Stack*, January 25, 2017, thenewstack.io/reinforcement-learning-ready-real-world/.

13. John Glenday, "AI Artist Behind Art for Latest Bloomberg Cover", *The Drum*, May 18, 2018, www.thedrum.com/news/2018/05/18/ai-artist-behind-art-latest-bloomberg-cover.
14. Isabelle Didier and Philippe Raynaud, "Production automatique de textes: L'IA au service des journalistes", InaGlobal, February 9, 2018, www.inaglobal.fr/numerique/article/production-automatique-de-textes-l-ia-au-service-des-journalistes-10092.
15. E.g., "Résultats du second tour des élections départementales: Canton de Saint-Amour" (Results of the second round of elections: Saint-Amour canton), *Le Monde*, March 29, 2015.
16. *Los Angeles Times* (@LANow), "Please note: We just deleted an automated tweet saying there was a 6.8 earthquake in Isla Vista. That earthquake happened in 1925", Twitter, June 21, 2017, 7:01 p.m., twitter.com/LANow/status/877677781089304576.
17. Stuart Myles, "Photomation or Fauxtomation? Automation in the Newsroom and the Impact on Editorial Labour—A Case Study", presented at the Computation + Journalism Symposium, Miami, FL, February 2019.
18. Ralph Blackburn and Matthew Clemenson, "More Than a Quarter of Havering Children Obese by the End of Primary School, Says Public Health England", *Romford Recorder*, January 18, 2018, www.romfordrecorder.co.uk/news/health/more-than-a-quarter-of-havering-children-obese-by-the-end-of-primary-school-says-public-health-england-1-5359216.
19. "Craving Japanese? Check Out These 3 New Philadelphia

Spots", Hoodline, January 24, 2018, hoodline.com/2018/01/craving-japanese-check-out-these-3-new-philadelphia-spots.

20. Tal Montal and Zvie Reich, "I, Robot. You, Journalist: Who Is the Author?", *Digital Journalism* 5, no. 7 (2017): 829–49, www.tandfonline.com/doi/

21. Mario Haim and Andreas Graefe, "Automated News: Better Than Expected?", *Digital Journalism* 5, no. 8 (2017): 1044–59, www.tandfonline.com/doi/abs/10.1080/21670811.2017.1345643.

22. Javier Zarracina, "The Words of Obama's State of the Union Speeches", *Vox*, January 14, 2016, www.vox.com/2016/1/14/10767748/state-of-union-2016-word-count.

23. Barbara Maseda, "Text-as-Data Journalism? Highlights from a Decade of SOTU Speech Coverage", *Online Journalism Blog*, February 5, 2018, onlinejournalismblog.com/2018/02/05/text-as-data-journalism-sotu-speeches/.

24. Inti Pacheco and Stephanie Stamm, "GE CEO Letters Decoded: Shrinking Ambitions and Disappearing Buzzwords", *Wall Street Journal*, March 1, 2019, www.wsj.com/articles/ge-ceo-letters-decoded-shrinking-ambitions-and-disappearing-buzzwords-11551441600.

25. Jeremy B. Merrill and Natasha Frost, "Here's What Lyft Talks About as Risk Factors That Other Companies Don't", *Quartz*, March 1, 2019, qz.com/1563668/lyfts-ipo-filing-highlights-risk-factors-other-companies-dont-mention/.

26. Sandra Peddie and Adam Playford, "Police Misconduct Hidden from Public by Secrecy Law, Weak Oversight", *Newsday*, December 18, 2013, www.newsday.com/long-island/police-misconduct-hidden-from-public-by-secrecy-law-weak-oversight-1.6630092.

27. "What Did Private Security Contractors Do in Iraq?", Overview, February 21, 2012, blog.overviewdocs.com/2012/02/21/iraq-security-contractors/.

28. Bloomberg Media Group, "Bloomberg Media's Innovation Lab Launches 'The Bulletin'—An AI-Powered News Feed for Bloomberg Mobile App Users", September 18, 2018, www.bloombergmedia.com/press/bloomberg-medias-innovation-lab-launches-bulletin/.

29. Youyou Zhou, "Analysis of 141 Hours of Cable News Reveals How Mass Killers Are Really Portrayed", *Quartz*, October 14, 2017, qz.com/1099083/analysis-of-141-hours-of-cable-news-reveals-how-mass-killers-are-really-portrayed/.

30. Nic Newman, *Journalism, Media, and Technology Trends and Predictions 2019* (Oxford: Reuters Institute for the Study of Journalism, 2019), reutersinstitute.politics.ox.ac.uk/sites/default/files/2019-01/Newman_Predictions_2019_FINAL.pdf.

31. Voicebot, *U.S. Smart Speaker Consumer Adoption Report 2019* (January 2019), voicebot.ai/smart-speaker-consumer-adoption-report-2019/.

32. "ALTO—a Multilingual Journalism Tool", BBC News Labs,

accessed May 1, 2019, bbcnewslabs.co.uk/projects/alto/.

33. Sam Greenfield, "Picture What the Cloud Can Do: How the New York Times Is Using Google Cloud to Find Untold Stories in Millions of Archived Photos", *Google Cloud Blog*, November 9, 2018, cloud.google.com/blog/products/ai-machine-learning/how-the-new-york-times-is-using-google-cloud-to-find-untold-stories-in-millions-of-archived-photos.

34. Joy Buolamwini and Timnit Gebru, "Gender Shades: Intersectional Accuracy Disparities in Commercial Gender Classification", *Proceedings of Machine Learning Research* 81 (2018): 77–91, proceedings.mlr.press/v81/buolamwini18a.html.

35. Wibbitz, "How Review-Journal Strengthens the Vegas Community Through Powerful Video Storytelling", accessed June 19, 2019, www.wibbitz.com/resources/review-journal-local-news-video-case-study/.

36. Francesco Marconi and Taylor Nakagawa, *The Age of Dynamic Storytelling: A Guide for Journalists in a World of Immersive 3-D Content* (New York: Associated Press, 2017), www.amic.media/media/files/file_352_1328.pdf.

37. Robin McDowell, Martha Mendoza, and Margie Mason, "AP Tracks Slave Boats to Papua New Guinea", Associated Press, July 27, 2015, www.ap.org/explore/seafood-from-slaves/ap-tracks-slave-boats-to-papua-new-guinea.html.

38. "Local Voices Network: Community Members Say More, Better Public Transportation Needed", *Capital Times*, March

25, 2019, madison.com/ct/news/local/local-voices-network-community-members-say-more-better-public-transportation/article_5aeeb82e-63e5-5a7a-a4b2-f50d01963706.html.

39. Jianhui Chen et al., "Learning Online Smooth Predictors for Realtime Camera Planning Using Recurrent Decision Trees", IEEE Conference on Computer Vision and Pattern Recognition, Las Vegas, NV, June 27–30, 2016, hoangle.info/papers/cvpr2016_online_smooth_long.pdf.

40. Kyle Swenson, "A Seattle TV Station Aired Doctored Footage of Trump's Oval Office Speech. The Employee Has Been Fired", Washington Post, January 11, 2019, www.washingtonpost.com/nation/2019/01/11/seattle-tv-station-aired-doctored-footage-trumps-oval-office-speech-employee-has-been-fired/?utm_term=.cdb970ea0968.

41. GitHub, "DeepFaceLab", accessed June 10, 2019, github.com/iperov/DeepFaceLab.

42. Francesco Marconi and Till Daldrup, "How the Wall Street Journal Is Preparing Its Journalists to Detect Deepfakes", Nieman Lab, November 15, 2018, www.niemanlab.org/2018/11/how-the-wall-street-journal-is-preparing-its-journalists-to-detect-deepfakes/.

43. Cathy O'Neil, *Weapons of Math Destruction: How Big Data Increases Inequality and Threatens Democracy* (New York: Crown, 2016).

44. Julia Angwin and Jeff Larson, "Bias in Criminal Risk Scores Is Mathematically Inevitable, Researchers Say",

ProPublica, December 30, 2016, www.propublica.org/article/bias-in-criminal-risk-scores-is-mathematically-inevitable-researchers-say.

45. Nick Diakopoulos, "Algorithmic Accountability and Transparency", NickDiakopoulos.com, accessed June 10, 2019, www.nickdiakopoulos.com/projects/algorithmic-accountability-reporting/.

46. Cliff Kuang, "Can A.I. Be Taught to Explain Itself?", *New York Times*, November 21, 2017, www.nytimes.com/2017/11/21/magazine/can-ai-be-taught-to-explain-itself.html.

47. Uli Köppen, "Using Algorithms to Investigate Algorithms and Society", presented at the Computation + Journalism Symposium, Miami, FL, February 2019.

48. Jennifer Valentino-DeVries, "AARP and Key Senators Urge Companies to End Age Bias in Recruiting on Facebook", ProPublica, January 8, 2018, www.propublica.org/article/aarp-and-key-senators-urge-companies-to-end-age-bias-in-recruiting-on-facebook.

49. Jeff Larson et al., "How We Examined Racial Discrimination in Auto Insurance Prices", ProPublica, April 5, 2017, www.propublica.org/article/minority-neighborhoods-higher-car-insurance-premiums-methodology.

50. Nigel Chiwaya, "What Can Algorithms Tell You About Your Writing?", *Wall Street Journal*, May 21, 2018, www.wsj.com/graphics/what-algorithms-can-tell-you-about-your-writing/.

51. Bradley Hope, "Decoded: Breaking Down How an Actual

Trading Algorithm Works", May 22, 2017, Wall Street Journal, www.wsj.com/graphics/journey-inside-a-real-life-trading-algorithm/.

52. Jeff John Roberts, "News Sites That Take on Big Tech Face Legal Peril", *Fortune*, September 27, 2018, fortune.com/2018/09/27/facebook-research-censorship/.

53. Jeremy B. Merrill et al., "Facebook Political Ad Collector: How Political Advertisers Target You", ProPublica, July 17, 2018, projects.propublica.org/facebook-ads/.

第三章　工作流：新闻编辑部变革的规模化流程

1. Titus Plattner and Didier Orel, "Addressing Micro-Audiences at Scale", presented at the Computation + Journalism Symposium, Miami, FL, February 2019.

2. Heather Chaplin, "Guide to Journalism and Design", *Columbia Journalism Review*, July 13, 2016, www.cjr.org/tow_center_reports/guide_to_journalism_and_design.php/.

3. Shan Wang, "The Wall Street Journal Tested Live Push Notifications, with Some Help from the Guardian's Mobile Lab", Nieman Lab, August 4, 2017, www.niemanlab.org/2017/08/the-wall-street-journal-tested-live-push-notifications-with-some-help-from-the-guardians-mobile-lab/.

4. Kristin Cwalinski, "What Is Kensho?", CNBC, April 15, 2015, www.cnbc.com/2015/04/15/sho.html.

5. Julian Stahnke et al. "Stimmungskurven: Wie geht es uns?"

(Mood curves: How are we doing?), *Die Zeit*, March 23, 2017, www.zeit.de/gesellschaft/2017-03/stimmung-wie-geht-es-uns.

6. Seth C. Lewis, "The Tension Between Professional Control and Open Participation", *Information, Communication, and Society* 15, no. 6 (2011): 836–866, doi:10.1080/1369118x.2012.674150.

7. "Stories by Numbers: Experimenting with Semi-Automated Journalism", BBC News Labs, March 22, 2019, bbcnewslabs.co.uk/2019/03/22/stories-by-numbers/.

8. Kinsey Wilson, "Note from Kinsey Wilson: Marc Lavallee to Head Story[X]", New York Times Company, September 7, 2016, www.nytco.com/press/note-from-kinsey-wilson-marc-lavallee-to-head-storyx/.

9. Sasha Koren, "Introducing the News Provenance Project", Times Open, July 23, 2019, open.nytimes.com/introducing-the-news-provenance-project-723dbaf07c44.

10. John Keefe, "Announcing the Quartz AI Studio, Designed to Help Journalists Use Machine Learning", *Quartz*, November 20, 2018, qz.com/1464390/announcing-the-quartz-ai-studio-designed-to-help-journalists-use-machine-learning/.

11. John Keefe, "Annoucing Quackbot, a Slack Bot for Journalists from Quartz and DocumentCloud", Quartz Bot Studio, October 3, 2017, bots.qz.com/1455/announcing-quackbot-a-slack-bot-for-journalists-from-quartz-and-documentcloud/.

12. "The Washington Post Establishes a Computational Political Journalism R&D Lab to Augment Its Campaign 2020 Coverage", *WashPost PR Blo*g, July 24, 2019, www.

washingtonpost.com/pr/2019/07/24/washington-post-establishes-computational-political-journalism-rd-lab-augment-its-campaign-coverage/.

13. John Morley, "A Blueprint for Better Program Design", LinkedIn, March 27, 2017, www.linkedin.com/pulse/blueprint-better-program-design-john-morley/.

14. Julia Haslanger, "Hearken Case Study: KQED Gathered 1,300+ Questions About Homelessness", Hearken, November 6, 2016, medium.com/we-are-hearken/hearken-case-study-kqed-gathered-1-300-questions-about-homelessness-4939d63a2a46.

15. Tom Felle, John Mair, and Damian Radcliffe, eds., *Data Journalism: Inside the Global Future* (Bury St. Edmunds, Suffolk, UK: Abramis, 2015).

16. Cindy Royal, "The Journalist as Programmer: A Case Study of The New York Times Interactive News Technology Department", *International Symposium on Online Journalism* 2, no. 1 (2012), www.isoj.org/wp-content/uploads/2016/10/ISOJ_Journal_V2_N1_2012_Spring.pdf.

17. Kathryn Thomas, "How the WSJ iOS Team Promotes Cross-Team Collaboration Through OKR-Driven Feature Requests", *Dow Jones Tech*, May 29, 2018, medium.com/dowjones/how-the-wsj-ios-team-promotes-cross-team-collaboration-through-okr-driven-feature-requests-a3f534bcccb.

18. Newmark J-School Staff, "Entrepreneurial Journalism

Initiative Kicks Off with Five New Courses", CUNY Newmark Graduate School of Journalism, February 14, 2011, www.journalism.cuny.edu/2011/02/entrepreneurial-journalism-certificate-program-opens-for-business/.

19. "Missouri Business Alert: 4 MU Startups Secure First Investments from $2.1M Accelerator Fund", Donald W. Reynolds Journalism Institute, November 16, 2016, www.rjionline.org/stories/missouri-business-alert-4-mu-startups-secure-first-investments-from-2.1m-ac.

20. Dana Coester, *A Matter of Space: Designing Newsrooms for New Digital Practice* (Arlington, VA: American Press Institute, 2017), www.americanpressinstitute.org/publications/reports/strategy-studies/matter-of-space/.

21. Michele McLellan and Tim Porter, *News, Improved: How America's Newsrooms Are Learning to Change* (Washington, DC: CQ Press, 2007).

结论

1. Michele Mezza, *Algoritmi di libertà: La potenza del calcolo tra dominio e conflitto* (Algorithms of freedom: Computational power between domination and conflict) (Rome: Donzelli Editore, 2018).

参考文献

1. Aldhous, Peter. "We Trained a Computer to Search for Hidden Spy Planes. This Is What It Found." BuzzFeed News, August 7, 2017. www.buzzfeednews.com/article/peteraldhous/hidden-spy-planes#.mkqoYz91Q.
2. American Press Institute. "Social and Demographic Differences in News Habits and Attitudes." Chap. 5 in *The Personal News Cycle: How American Choose to Get Their News*. Arlington, VA: American Press Institute, 2014. www.americanpressinstitute.org/publications/reports/survey-research/social-demographic-differences-news-habits-attitudes/.
3. Angwin, Julia, and Jeff Larson. "Bias in Criminal Risk Scores Is Mathematically Inevitable, Researchers Say." ProPublica, December 30, 2016. www.propublica.org/article/bias-in-criminal-risk-scores-is-mathematically-inevitable-researchers-say.
4. BBC News Labs. "ALTO—a Multilingual Journalism Tool." Accessed May 1, 2019. bbcnewslabs.co.uk/projects/alto/.
5. BBC News Labs. "Stories by Numbers: Experimenting with

Semi-Automated Journalism." March 22, 2019. bbcnewslabs. co.uk/2019/03/22/stories-by-numbers/.

6. Blackburn, Ralph, and Matthew Clemenson. "More Than a Quarter of Havering Children Obese by the End of Primary School, Says Public Health England." *Romford Recorder*, January 18, 2018. www.romfordrecorder.co.uk/news/health/more-than-a-quarter-of-havering-children-obese-by-the-end-of-primary-school-says-public-health-england-1-5359216.

7. Bloomberg Media Group. "Bloomberg Media's Innovation Lab Launches 'The Bulletin'—An AI-Powered News Feed for Bloomberg Mobile App Users." September 18, 2018. www.bloombergmedia.com/press/bloomberg-medias-innovation-lab-launches-bulletin/.

8. Branscombe, Mary. "Artificial Intelligence's Next Big Step: Reinforcement Learning." *New Stack*, January 26, 2017. thenewstack.io/reinforcement-learning-ready-real-world/.

9. Brunelli, Roberto. *Template Matching Techniques in Computer Vision: Theory and Practice*. Chichester, West Sussex: Wiley, 2009.

10. Buolamwini, Joy, and Timnit Gebru. "Gender Shades: Intersectional Accuracy Disparities in Commercial Gender Classification." *Proceedings of Machine Learning Research* 81 (2018): 77–91. proceedings.mlr.press/v81/buolamwini18a.html.

11. *Capital Times*. "Local Voices Network: Community Members Say More, Better Public Transportation Needed." March

25, 2019. madison.com/ct/news/local/local-voices-network-community-members-say-more-better-public-transportation/article_5aeeb82e-63e5-5a7a-a4b2-f50d01963706.html.

12. Carvajal, Rigoberto. "How Machine Learning Is Revolutionizing Journalism." ICIJ: International Consortium of Investigative Journalism, August 22, 2018. www.icij.org/blog/2018/08/how-machine-learning-is-revolutionizing-journalism/.

13. Chaplin, Heather. "Guide to Journalism and Design." *Columbia Journalism Review*, July 13, 2016. www.cjr.org/tow_center_reports/guide_to_journalism_and_design.php/.

14. Chen, Jianhui, Hoang M. Le, Peter Carr, Yisong Yue, and James J. Little. "Learning Online Smooth Predictors for Realtime Camera Planning Using Recurrent Decision Trees." IEEE Conference on Computer Vision and Pattern Recognition, Las Vegas, NV, June 27–30, 2016. hoangle.info/papers/cvpr2016_online_smooth_long.pdf.

15. Chin, Josh, and Liza Lin. "China's All-Seeing Surveillance State Is Reading Its Citizens' Faces." *Straits Times* (Singapore), July 7, 2017. www.straitstimes.com/opinion/chinas-all-seeing-surveillance-state-is-reading-its-citizens-faces.

16. Chinoy, Sahil. "We Built an 'Unbelievable' (but Legal) Facial Recognition Machine." *New York Times*, April 16, 2019. www.nytimes.com/interactive/2019/04/16/opinion/facial-recognition-new-york-city.html.

17. Chiwaya, Nigel. "What Can Algorithms Tell You About Your

Writing?" *Wall Street Journal*, May 21, 2018. www.wsj.com/graphics/what-algorithms-can-tell-you-about-your-writing/.

18. Coester, Dana. *A Matter of Space: Designing Newsrooms for New Digital Practice.* Arlington, VA: American Press Institute, 2017. www.americanpressinstitute.org/publications/reports/strategy-studies/matter-of-space/.

19. Confessore, Nicholas, Gabriel J. X. Dance, Richard Harris, and Mark Hansen. "The Follower Factory." *New York Times*, January 27, 2018. www.nytimes.com/interactive/2018/01/27/technology/social-media-bots.html.

20. Confessore, Nicholas, Gabriel J. X. Dance, and Rich Harris. "Twitter Followers Vanish Amid Inquiries into Fake Accounts." *New York Times*, January 31, 2018. www.nytimes.com/interactive/2018/01/31/technology/social-media-bots-investigations.html.

21. Cwalinski, Kristin. "What Is Kensho?" CNBC, April 15, 2015. www.cnbc.com/2015/04/15/sho.html.

22. Dance, Gabriel, and Tom Jackson. "Rock-Paper-Scissors: You vs. the Computer." *New York Times*, October 7, 2010. archive.nytimes.com/www.nytimes.com/interactive/science/rock-paper-scissors.html.

23. Dataminr. "Dataminr for News Enters Continental Europe, Signing Deal with France Info." September 6, 2016. www.dataminr.com/press/dataminr-for-news-enters-continental-europe-signing-deal-with-france-info.

24. Del Vicario, Michela, Antonio Scala, Guido Caldarelli, H. Eugene Stanley, and Walter Quattrociocchi. "Modeling Confirmation Bias and Polarization." *Scientific Reports 7*, no. 40391 (2017). doi:10.1038/srep40391.

25. Diakopoulos, Nick. "Algorithmic Accountability and Transparency."NickDiakopoulos.com, accessed June 10, 2019. www.nickdiakopoulos.com/projects/algorithmic-accountability-reporting/.

26. Didier, Isabelle, and Philippe Raynaud. "Production automatique de textes: L'IA au service des journalistes." InaGlobal, November 19, 2013. www.inaglobal.fr/numerique/article/production-automatique-de-textes-l-ia-au-service-des-journalistes-10092.

27. Dierickx, Laurence. "Why News Automation Fails." Presented at the Computation + Journalism Symposium, Miami, FL, February 2019.

28. Donald W. Reynolds Journalism Institute. "Missouri Business Alert: 4 MU Startups Secure First Investments from $2.1M Accelerator Fund." November 16, 2016. www.rjionline.org/stories/missouri-business-alert-4-mu-startups-secure-first-investments-from-2.1m-ac.

29. Drew, Kevin K., and Ryan J. Thomas. "From Separation to Collaboration." *Digital Journalism* 6, no. 2 (2017): 196–215. doi:10.1080/21670811.2017.1317217.

30. *El País*. "Conexiones entre políticos y medios en Twitter." January 31, 2016. elpais.com/elpais/2016/01/29/

media/1454086689_574154.html.

31. Felle, Tom, John Mair, and Damian Radcliffe, eds. *Data Journalism: Inside the Global Future*. Bury St. Edmunds, Suffolk, UK: Abramis, 2015.

32. Ferne, Tristan. "Beyond 800 Words: New Digital Story Formats for News." BBC News Labs, September 26, 2017. medium.com/bbc-news-labs/beyond-800-words-new-digital-story-formats-for-news-ab9b2a2d0e0d.

33. *Financial Times*. "FT Introduces 'She Said He Said' Bot to Diversify Sources in Articles." November 15, 2018. aboutus.ft.com/en-gb/announcements/ft-introduces-she-said-he-said-bot-to-diversify-sources-in-articles/.

34. Frey, Carl Benedikt, and Michael A. Osborne. "The Future of Employment: How Susceptible Are Jobs to Computerisation?" *Technological Forecasting and Social Change* 114 (2017): 254–80. doi:10.1016/j.techfore.2016.08.019.

35. FT Labs. "JanetBot: Analysing Gender Diversity on the FT Homepage." July 11, 2018. labs.ft.com/product/2018/11/07/janetbot.html.

36. GitHub. "DeepFaceLab." Accessed June 10, 2019. github.com/iperov/DeepFaceLab.

37. Glenday, John. "AI Artist Behind Art for Latest Bloomberg Cover." *The Drum*, May 18, 2018. www.thedrum.com/news/2018/05/18/ai-artist-behind-art-latest-bloomberg-cover.

38. Greenfield, Sam. "Picture What the Cloud Can Do: How the New York Times Is Using Google Cloud to Find Untold Stories in Millions of Archived Photos." *Google Cloud Blog*, November 9, 2018. cloud.google.com/blog/products/ai-machine-learning/how-the-new-york-times-is-using-google-cloud-to-find-untold-stories-in-millions-of-archived-photos.

39. Haim, Mario, and Andreas Graefe. "Automated News: Better Than Expected?" *Digital Journalism* 5, no. 8 (2017): 1044–59. www.tandfonline.com/doi/abs/10.1080/21670811.2017.1345643.

40. Haslanger, Julia. "Hearken Case Study: KQED Gathered 1,300+ Questions About Homelessness." Hearken, November 16, 2016. medium.com/we-are-hearken/hearken-case-study-kqed-gathered-1–300-questions-about-homelessness-4939d63a2a46.

41. Ho, Stephanie. "Sense It! A Beginner's Guide to Sensor Journalism." Accessed June 19, 2019. www.stephanieho.work/sense-it/.

42. Hoodline. "Craving Japanese? Check Out These 3 New Philadelphia Spots." January 24, 2018. hoodline.com/2018/01/craving-japanese-check-out-these-3-new-philadelphia-spots.

43. Hope, Bradley. "Decoded: Breaking Down How an Actual Trading Algorithm Works." *Wall Street Journal*, May 22, 2017. www.wsj.com/graphics/journey-inside-a-real-life-trading-algorithm/.

44. Hwang, Tim. "Announcing the Winners of the AI and the News Open Challenge." Knight Foundation, March 12, 2019. knightfoundation.org/articles/announcing-the-winners-of-the-ai-and-the-news-open-challenge.

45. Kalogeropoulos, Antonis. "The Rise of Messaging Apps for News." Section 2.6 in Nic Newman et al., *Digital News Report 2018*. www.digitalnewsreport.org/survey/2018/the-rise-of-messaging-apps-for-news/.

46. Katona, Zsolt, Jonathan A. Knee, and Miklos Sarvary. "Agenda Chasing and Contests Among News Providers." Columbia Business School Research Paper no. 13-49, July 3, 2013. doi:10.2139/ssrn.2288672.

47. Keefe, John. "Annoucing Quackbot, a Slack Bot for Journalists from Quartz and DocumentCloud." Quartz Bot Studio, October 3, 2017. bots.qz.com/1455/announcing-quackbot-a-slack-bot-for-journalists-from-quartz-and-documentcloud/.

48. Keefe, John. "Announcing the Quartz AI Studio, Designed to Help Journalists Use Machine Learning." *Quartz*, November 20, 2018. qz.com/1464390/announcing-the-quartz-ai-studio-designed-to-help-journalists-use-machine-learning/.

49. Kestin, Sally, John Maines, and Dana Williams. "Speeding Cops Get Special Treatment, Sun Sentinel Investigation Finds." *South Florida Sun Sentinel*, February 13, 2012. www.sun-sentinel.com/local/fl-speeding-cops-culture-20120213-story.html.

50. Kirschenbaum, Jill, Adya Beasley, and Madeline Carson. "Voices from a Divided America." *Wall Street Journal*, October 29, 2018. www.wsj.com/articles/voices-from-a-divided-america-1540822594.
51. Köppen, Uli. "Using Algorithms to Investigate Algorithms and Society." Presented at the Computation + Journalism Symposium, Miami, FL, February 2019.
52. Koren, Sasha. "Introducing the News Provenance Project." Times Open, July 23, 2019, open.nytimes.com/introducing-the-news-provenance-project-723dbaf07c44.
53. Kuang, Cliff. "Can A.I. Be Taught to Explain Itself?" *New York Times*, November 21, 2017. www.nytimes.com/2017/11/21/magazine/can-ai-be-taught-to-explain-itself.html.
54. Larson, Jeff, Julia Angwin, Lauren Kirchner, and Surya Mattu. "How We Examined Racial Discrimination in Auto Insurance Prices." ProPublica, April 5, 2017. www.propublica.org/article/minority-neighborhoods-higher-car-insurance-premiums-methodology.
55. Levy, David, and Damian Radcliffe. "Social Media Is Changing Our Digital News Habits—but to Varying Degrees in US and UK." *The Conversation*, December 19, 2018. theconversation.com/social-media-is-changing-our-digital-news-habits-but-to-varying-degrees-in-us-and-uk-60900.
56. Lewis, Seth C. "The Tension Between Professional Control and Open Participation." *Information, Communication, and*

Society 15, no. 6 (2011): 836–866. doi:10.1080/136911 8x.2012.674150.

57. Liscio, Zack. "What Networks Does BuzzFeed Actually Use?" Naytev Insights, accessed June 19, 2019. www.naytev.com/insights/what-networks-does-buzzfeed-use.

58. *Los Angeles Times* (@LANow). "Please note: We just deleted an automated tweet saying there was a 6.8 earthquake in Isla Vista. That earthquake happened in 1925." Twitter, June 21, 2017, 7:01 p.m. twitter.com/LANow/status/877677781089304576.

59. Marconi, Francesco, and Till Daldrup. "How the Wall Street Journal Is Preparing Its Journalists to Detect Deepfakes." Nieman Lab, November 15, 2018. www.niemanlab.org/2018/11/how-the-wall-street-journal-is-preparing-its-journalists-to-detect-deepfakes/.

60. Marconi, Francesco, and Taylor Nakagawa. *The Age of Dynamic Storytelling: A Guide for Journalists in a World of Immersive 3-D Content.* New York: Associated Press, 2017. www.amic.media/media/files/file_352_1328.pdf.

61. Marconi, Francesco, and Alex Siegman. "A Day in the Life of a Journalist in 2027: Reporting Meets AI." *Columbia Journalism Review*, April 11, 2017. www.cjr.org/innovations/artificial-intelligence-journalism.php.

62. Marconi, Francesco, and Alex Siegman. *The Future of Augmented Journalism: A Guide for Newsrooms in the Age of Smart Machines.* New York: Associated Press, 2017.

63. Mari, Will. "Technology in the Newsroom." *Journalism Studies* 19, no. 9(2018): 1366–1389. doi:10.1080/146167 0x.2016.1272432.
64. Maseda, Barbara. "Text-as-Data Journalism? Highlights from a Decade of SOTU Speech Coverage." Online Journalism Blog, February 5, 2018. onlinejournalismblog.com/2018/02/05/text-as-data-journalism-sotu-speeches/#more-25542.
65. Matsa, Katerina Eva, and Elisa Shearer. "News Use Across Social Media Platforms 2018." Pew Research Center, September 10, 2018. www.journalism.org/2018/09/10/news-use-across-social-media-platforms-2018/.
66. McDowell, Robin, Martha Mendoza, and Margie Mason. "AP Tracks Slave Boats to Papua New Guinea." Associated Press, July 27, 2015. www.ap.org/explore/seafood-from-slaves/ap-tracks-slave-boats-to-papua-new-guinea.html.
67. McLellan, Michele, and Tim Porter. *News, Improved: How America's Newsrooms Are Learning to Change.* Washington, DC: CQ Press, 2007.
68. McQuivey, James L., with Carlton A. Doty and Ryan Trafton. *Will People Really Do That?* Cambridge, MA: Forrester, 2015. www.forrester.com/report/Will+People+Really+Do+That/-/E-RES117907.
69. Media Cloud. "Media Cloud in Action: Case Studies." Accessed June 19, 2019. mediacloud.org/case-studies/.
70. Merrill, Jeremy B., and Natasha Frost. "Here's What Lyft

Talks About as Risk Factors That Other Companies Don't." *Quartz*, March 1, 2019. qz.com/1563668/lyfts-ipo-filing-highlights-risk-factors-other-companies-dont-mention/.

71. Merrill, Jeremy B., Ally J. Levine, Ariana Tobin, Jeff Larson, and Julia Angwin. "Facebook Political Ad Collector: How Political Advertisers Target You." ProPublica, July 17, 2018. projects.propublica.org/facebook-ads/.

72. Mezza, Michele. *Algoritmi di libertà: La potenza del calcolo tra dominio e conflitto* (Algorithms of freedom: Computational power between domination and conflict). Rome: Donzelli Editore, 2018.

73. Montal, Tal, and Zvie Reich. "I, Robot. You, Journalist: Who Is the Author?" *Digital Journalism* 5, no. 7 (2017): 829–49. www.tandfonline.com/doi/abs/10.1080/21670811.2016.1209083?journalCode=rdij20.

74. Morley, John. "A Blueprint for Better Program Design." LinkedIn, March 27, 2017. www.linkedin.com/pulse/blueprint-better-program-design-john-morley/.

75. Moses, Lucia. "The Washington Post's Robot Reporter Has Published 850 Articles in the Past Year." Digiday, September 14, 2017. digiday.com/media/washington-posts-robot-reporter-published-500-articles-last-year/.

76. Muskus, Jeff. "AI Made Incredible Paintings in About Two Weeks." Bloomberg, May 17, 2018. www.bloomberg.com/news/articles/2018–05–17/ai-made-incredible-paintings-in-about-two-weeks.

77. Myles, Stuart. "Photomation or Fauxtomation? Automation in the Newsroom and the Impact on Editorial Labour—A Case Study." Presented at the Computation + Journalism Symposium, Miami, FL, February 2019.

78. Naimat, Aman. The New Artificial Intelligence Market. Vol. 1. Sebastopol, CA: O'Reilly Media, 2016.

79. Newman, Nic. *Journalism, Media, and Technology Trends and Predictions 2019*. Oxford: Reuters Institute for the Study of Journalism, 2019. reutersinstitute.politics.ox.ac.uk/sites/default/files/2019-01/Newman_Predictions_2019_FINAL.pdf.

80. Newman, Nic, with Richard Fletcher, Antonis Kalogeropoulos, David A. L. Levy, and Rasmus Kleis Nielsen. *Digital News Report 2018*. Oxford: Reuters Institute for the Study of Journalism, 2018. media.digitalnewsreport.org/wp-content/uploads/2018/06/digital-news-report-2018.pdf?x89475.

81. Newmark J-School Staff. "Entrepreneurial Journalism Initiative Kicks Off with Five New Courses." CUNY Newmark Graduate School of Journalism, February 14, 2011. www.journalism.cuny.edu/2011/02/entrepreneurial-journalism-certificate-program-opens-for-business/.

82. Oda, Shoko. "This Media Startup Is Beating the Competition with a Newsroom Run by Robots." Bloomberg, May 27, 2018. www.bloomberg.com/news/articles/2018–05–27/the-airline-geek-trying-to-build-a-media-giant-with-no-reporters.

83. O'Neil, Cathy. *Weapons of Math Destruction: How Big Data*

Increases Inequality and Threatens Democracy. New York: Crown, 2016.

84. Overview. "What Did Private Security Contractors Do in Iraq?" February 21, 2012. blog.overviewdocs.com/2012/02/21/iraq-security-contractors/.

85. Owen, Diana. *The State of Technology in Global Newsrooms* (2017 survey). Washington, DC: International Center for Journalists, 2018. www.icfj.org/sites/default/files/2018-04/ICFJTechSurveyFINAL.pdf.

86. Pacheco, Inti, and Stephanie Stamm. "GE CEO Letters Decoded: Shrinking Ambitions and Disappearing Buzzwords." *Wall Street Journal*, March 1, 2019. www.wsj.com/articles/ge-ceo-letters-decoded-shrinking-ambitions-and-disappearing-buzzwords-11551441600.

87. Peddie, Sandra, and Adam Playford. "Police Misconduct Hidden from Public by Secrecy Law, Weak Oversight." Newsday, December 18, 2013. www.newsday.com/long-island/police-misconduct-hidden-from-public-by-secrecy-law-weak-oversight-1.6630092.

88. Perrin, Andrew. "Americans Are Changing Their Relationship with Facebook." Pew Research Center, September 5, 2018. www.pewresearch.org/fact-tank/2018/09/05/americans-are-changing-their-relationship-with-facebook/.

89. Perrin, Nicole. "Amazon Is Now the No. 3 Digital Ad Platform in the US." *eMarketer*, September 19, 2018. www.emarketer.com/content/amazon-is-now-the-no-3-digital-ad-platform-in-

the-us.

90. Plattner, Titus, and Didier Orel. "Addressing Micro-Audiences at Scale." Presented at the Computation + Journalism Symposium, Miami, FL, February 2019.

91. PricewaterhouseCoopers. "Sizing the Prize: What's the Real Value of AI for your Business and How Can You Capitalise?" August 16, 2017. www.pwc.com/gx/en/issues/analytics/assets/pwc-ai-analysis-sizing-the-prize-report.pdf.

92. Radford, Alec, Jeffrey Wu, Dario Amodei, Daniela Amodei, Jack Clark, Miles Brundage, and Ilya Sutskever. "Better Language Models and Their Implications." *OpenAI Blog*, February 15, 2019. blog.openai.com/better-language-models/.

93. *Radiolab*. "Cicada Tracker." WNYC Studios, accessed June 19, 2019. project.wnyc.org/cicadas/.

94. Reuters. "Reuters News Tracer: Filtering through the Noise of Social Media." Reuters Community, May 15, 2017. www.reuterscommunity.com/topics/newsroom-of-the-future/reuters-news-tracer-filtering-through-the-noise-of-social-media/.

95. Robbins, Danny, and Carrie Teegardin. "Still Forgiven: An AJC National Investigation." *Atlanta Journal-Constitution*, April 26, 2018. doctors.ajc.com/.

96. Roberts, Jeff John. "News Sites That Take on Big Tech Face Legal Peril." *Fortune*, September 27, 2018. fortune.com/2018/09/27/facebook-research-censorship/.

97. Roush, Chris. "AP Biz Editor Gibbs to Oversee News Partnerships." *Talking Biz News*, July 21, 2017. talkingbiznews.com/1/ap-biz-editor-gibbs-to-oversee-news-partnerships/.

98. Royal, Cindy. "The Journalist as Programmer: A Case Study of *The New York Times* Interactive News Technology Department." *International Symposium on Online Journalism* 2, no. 1 (2012). www.isoj.org/wp-content/uploads/2016/10/ISOJ_Journal_V2_N1_2012_Spring.pdf.

99. Slobin, Sarah. "A Computer Watched the Debates. It Thought Clinton Was Happy and Trump Was Angry and Quite Sad." *Quartz*, April 19, 2017. qz.com/810092/a-computer-watched-the-debates-and-thought-clinton-happy-trump-angry-sad/.

100. *Sportradar*. "AP to Preview Every NBA Game with Automation from HERO Sports, Data from Sportradar." January 24, 2019. sportradar.us/2019/01/ap-to-preview-every-nba-game-with-automation-from-hero-sports-data-from-sportradar/.

101. Stahnke, Julian, Tom Lazar, Philip Faigle, and Fabian Mohr. "Stimmungskurven: Wie geht es uns?" (Mood curves: How are we doing?) *Die Zeit*, March 23, 2017. www.zeit.de/gesellschaft/2017-03/stimmung-wie-geht-es-uns.

102. Swenson, Kyle. "A Seattle TV Station Aired Doctored Footage of Trump's Oval Office Speech. The Employee Has Been Fired." *Washington Post*, January 11, 2019. www.washingtonpost.com/nation/2019/01/11/seattle-tv-

station-aired-doctored-footage-trumps-oval-office-speech-employee-has-been-fired/?utm_term=.cdb970ea0968.

103. Thomas, Kathryn. "How the WSJ iOS Team Promotes Cross-Team Collaboration Through OKR-Driven Feature Requests." *Dow Jones Tech*, May 29, 2018. medium.com/dowjones/how-the-wsj-ios-team-promotes-cross-team-collaboration-through-okr-driven-feature-requests-a3f534bcccb.

104. Thompson, Alex. "Parallel Narratives: Clinton and Trump Supporters Really Don't Listen to Each Other on Twitter." Vice News, December 8, 2016. news.vice.com/en_us/article/d3xamx/journalists-and-trump-voters-live-in-separate-online-bubbles-mit-analysis-shows.

105. True Anthem. "Success Story: Hearst Television." Accessed June 19, 2019. www.trueanthem.com/hearst-television/.

106. U.S. Bureau of Labor Statistics. "Newspaper Publishers Lose Over Half Their Employment from January 2001 to September 2016." April 3, 2017. www.bls.gov/opub/ted/2017/newspaper-publishers-lose-over-half-their-employment-from-january-2001-to-september-2016.htm.

107. Valentino-DeVries, Jennifer. "AARP and Key Senators Urge Companies to End Age Bias in Recruiting on Facebook." ProPublica, January 8, 2018. www.propublica.org/article/aarp-and-key-senators-urge-companies-to-end-age-bias-in-recruiting-on-facebook.

108. Vicario, Michela del, Antonio Scala, Guido Caldarelli, H.

Eugene Stanley, and Walter Quattrociocchi. "Modeling Confirmation Bias and Polarization." *Scientific Reports 7*, no. 1 (2017). doi:10.1038/srep40391.

109. Voicebot. *U.S. Smart Speaker Consumer Adoption Report 2019.* January 2019. voicebot.ai/smart-speaker-consumer-adoption-report-2019/.

110. *Wall Street Journal.* "Voices from a Divided America." October 29, 2018. www.wsj.com/articles/voices-from-a-divided-america-1540822594.

111. Wang, Shan. "After Years of Testing, the Wall Street Journal Has Built a Paywall That Bends to the Individual Reader." Nieman Lab, February 22, 2018. www.niemanlab.org/2018/02/after-years-of-testing-the-wall-street-journal-has-built-a-paywall-that-bends-to-the-individual-reader/.

112. Wang, Shan. "The Wall Street Journal Tested Live Push Notifications, with Some Help from the Guardian's Mobile Lab." Nieman Lab, August 4, 2017. www.niemanlab.org/2017/08/the-wall-street-journal-tested-live-push-notifications-with-some-help-from-the-guardians-mobile-lab/.

113. WashPost PR. "The Washington Post Establishes a Computational Political Journalism R&D Lab to Augment Its Campaign 2020 Coverage." *WashPost PR Blog*, July 24, 2019. www.washingtonpost.com/pr/2019/07/24/washington-post-establishes-computational-political-journalism-rd-lab-augment-its-campaign-coverage/.

114. WashPost PR. "The Washington Post Experiments with Automated Storytelling to Help Power 2016 Rio Olympics Coverage." *WashPost PR Blog*, August 5, 2016. www.washingtonpost.com/pr/wp/2016/08/05/the-washington-post-experiments-with-automated-storytelling-to-help-power-2016-rio-olympics-coverage/?utm_term=.85060ab27a8d.

115. WashPostPR. "The Washington Post Launches on Twitch." *WashPost PR Blog*, July 16, 2018. www.washingtonpost.com/pr/wp/2018/07/16/the-washington-post-launches-on-twitch/?utm_term=.959a16de1e2b.

116. Wei, Sisi. "Creating Games for Journalism." ProPublica, July 11, 2013. www.propublica.org/nerds/creating-games-for-journalism.

117. Wibbitz. "How Review-Journal Strengthens the Vegas Community Through Powerful Video Storytelling." Accessed June 19, 2019. www.wibbitz.com/resources/review-journal-local-news-video-case-study/.

118. Willens, Max. "Forbes Is Building More AI Tools for Its Reporters." Digiday, January 3, 2019. digiday.com/media/forbes-built-a-robot-to-pre-write-articles-for-its-contributors/.

119. Wilson, Kinsey. "Note from Kinsey Wilson: Marc Lavallee to Head Story[X]." New York Times Company, September 7, 2016. www.nytco.com/press/note-from-kinsey-wilson-marc-lavallee-to-head-storyx/.

120. Xinhua News Agency. "Xinhua Upgrades AI-Based News Production System." June 15, 2018, www.xinhuanet.com/english/2018-06/15/c_137256200.htm.

121. Xinhua News Agency. "World's First AI News Anchor Makes 'His' China Debut." November 8, 2018. www.xinhuanet.com/english/2018-11/08/c_137591813.htm.

122. Yoneshige, Katsuhiro. "About JX PRESS—English." JX Press. Accessed June 19, 2019. jxpress.net/about/about-jx-press/.

123. Zarracina, Javier. "The Words of Obama's State of the Union Speeches." Vox, January 14, 2016. www.vox.com/2016/1/14/10767748/state-of-union-2016-word-count.

124. Zhou, Youyou. "Analysis of 141 Hours of Cable News Reveals How Mass Killers Are Really Portrayed." *Quartz*, October 14, 2017. qz.com/1099083/analysis-of-141-hours-of-cable-news-reveals-how-mass-killers-are-really-portrayed/.

125. Zittrain, Jonathan. "The Hidden Costs of Automated Thinking." *New Yorker*, July 23, 2019. www.newyorker.com/tech/annals-of-technology/the-hidden-costs-of-automated-thinking.

索 引

广告 14,15,51,53,122,124,126

算法透明度 92,93,134

报告 5,7,15,23,24,83,126,130

亚马逊 15,40,68,73,105,141

美国新闻学会 8

美国公共媒体 43

分析 2,5,7,9,15,19,20,21,22,26,27,32,33,34,36,39,40,42,50,57,58,
59,61,63,64,65,70,71,75,76,77,87,92,100,101,102,104,105,107,
110,111,112,122,123,130,134,137,138,140,145,149

苹果 15

阿里亚 74,86,87

美联社 2,12,38,44,49,73,83,97,98,102,111,116,117,137,144,151

自动化 20,43,48,49,61,62,65,70,71,72,73,82,86,87,88,89,90,91,
92,93,95,97,98,99,100,115,118,122,129,134,139,147

英国广播公司 110,134

区块链 134

大学 12,24,27,28,38,49,72,73,99,103,112,121,133,136,143,146,151

署名 3,97,98

《芝加哥论坛报》53

美国有线电视新闻网 106

哥伦比亚新闻学院 143

计算机视觉 27,134,

确认偏差 48

内容分发 10,50,53,104,107

数据众包 124

数据挖掘 32

数据隐私 33

数据科学 68,74,92,103,116,143

深度学习 81,117

迪士尼 118

编辑算法 3

脸书 15,24,34,50,51,124,146

假新闻 69,91

《金融时报》26,27

《福布斯》2

德国公共广播 122

全球编辑网络 146

谷歌 15,50,68,105,111,124,141

卫报 98,130,137

黑客 124,126,146

硬件 116,117

哈佛大学 67

赫斯特公司 53

《先驱时报》146

人机协作 21,25

信息泡沫 36,103

创新 4,7,10,30,39,43,54,55,67,145,146,151,

互联网 4,9,12,43,50,51,104,106,124,148,

迭代新闻 21,56,127,128,129,130,131,132,136,138,139,140,145,148,149,

新闻标准 47,147

记者 2,6,20,21,27,30,31,35,38,40,41,43,49,58,59,60,62,63,64,65,66,72,73,74,75,77,78,79,80,86,87,88,89,90,92,93,95,97,98,99,100,101,102,103,109,110,112,113,114,115,116,117,119,120,121,123,124,127,128,130,131,132,135,137,139,140,145,146,147

语言翻译 102,103

《费加罗报》115

《世界报》86,87,

《洛杉矶时报》15,90

机器学习 6,26,35,39,60,68,75,76,77,80,81,113,118,135,137,138

微软 68,80,81

密苏里新闻学院 15,143

麻省理工学院公民媒体中心 35

机器 2,3,6,14,21,25,26,33,35,36,39,44,48,49,59,61,62,64,65,66,
67,68,70,71,75,76,77,78,80,81,82,83,87,90,91,97,98,102,106,
107,108,112,113,116,117,118,122,123,124,125,134,135,137,
138,146,148,149,151

货币化 147

多媒体 9,109,115

叙述 31,87,119,

国家地理 146

自然语言生成 73,82,83,86,87,89,93,97,98,130,134

自然语言处理 47,82,100,101,102,103,115,134

《纽约邮报》137

《纽约时报》39,40,80,101,110,112,122,132,134,140,146

纽约客 146

新闻机器人 62

新闻日 101

新闻采集 5,6,23,30,31,37

新闻追踪 31

新闻鞭 137

西北大学 121

挪威通讯社 83

开放 21,54,69,93,117,118

牛津大学 49

个性化 9,14,29,47,48,102,103,124,129

皮尤研究中心 33,42,120

原型 112,128

普利策奖 117

石英 58,59,101,103,135,144

研发实验室 129,134,135,136

强化学习 65,75,80,81

路透社 7,25,31,32,44,53,105

机器人学 87

《旧金山纪事报》102

《西雅图时报》39

情绪分析 57,58

信号 53,149

智能机器 2,6,14,48,61,64,65,67,71,78,108,117,123

社交媒体 6,7,8,9,10,19,29,31,32,33,34,35,42,43,44,48,50,53,73,
   134,137,149

南佛罗里达太阳哨兵 38

斯坦福大学 112

初创企业 1,10,12,15,64,74,136,141,143

结构化数据 73,83,86,88,107

监督学习 75,76,79,80,81

训练数据 59,60,103

推特 24,36,51,115,132,146

俄勒冈大学 133

无监督学习 75,79,80,81

《华尔街日报》2,15,35,58,61,99,101,119,123,130,134,140,141,
   144,151,

《华盛顿邮报》2,43,73,106,132,135,144,146

微信 33

乔纳森 67,102